# Otra grieta en la pared

Informe y testimonios
de la Nueva Prensa Cubana

# Otra grieta en la pared

Informe y testimonios
de la Nueva Prensa Cubana

Fernando J. Ruiz

Prólogo de Robert Cox

```
070.9    Ruiz, Fernando J.
RUI          Otra grieta en la pared : informe y testimonios de la
         nueva prensa cubana. - 1ª. ed. – Buenos Aires : La
         Crujía, 2003.
             256 p. ; 23x16 cm.

             ISBN 987-1004-34-6

             I. Título - 1. Periodismo Cubano-Testimonios
```

© Cadal
© Konrad-Adenauer-Stiftung
© Ediciones La Crujía

Tucumán 1999 - C1050AAM
Ciudad de Buenos Aires - Argentina
Tel. - Fax (54 11) 4375-0664 y rotativas
www.lacrujia.com.ar
libreria@lacrujia.com.ar

Diseño de tapa: CENTRO DE DESARROLLO DE SERVICIOS PROFESIONALES
Área de Diseño - FC - Universidad Austral
Corrección y armado: **CON**TEXTO

ISBN 987-1004-34-6

Impreso en la Argentina
Hecho el depósito que establece la ley 11.723

Prohibida su reproducción total o parcial, incluyendo fotocopia,
sin la autorización expresa de los editores

Agosto 2003

LA FOTOCOPIA
MATA AL LIBRO
Y ES UN DELITO

# Índice

Prólogo — 9

1. Hoja de ruta — 17
2. La verdad y la mentira — 23
3. Historia — 35
4. Tania, la periodista — 47
5. Un segundo espacio público — 63
6. Rupturas — 73
7. Líneas de defensa — 87
8. De hijos y padres — 107
9. Dos años por una pizza — 113
10. El ojo público — 121
11. Mujeres periodistas — 133
12. Descubrir el periodismo — 137
13. Los periodistas del régimen — 149
14. Comunicación horizontal — 161
15. Una comunidad profesional — 171
16. La base social — 175
17. Hombres libres que están presos — 185
18. El más famoso — 195

| | |
|---|---|
| 19. El caso Orrio | 201 |
| 20. El caso Baguer | 209 |
| 21. ¡Últimas noticias! Proceso en La Habana | 217 |
| 22. Palabra final | 241 |

**Anexo I**
Lista de periodistas encarcelados y condenados
al 30 de junio de 2003 — 243

**Comunicado publicado en la revista *De Cuba*** — 246

**Anexo II**
Imágenes de la nueva prensa cubana — 247

**Índice de nombres de periodistas
y de sus familiares** — 253

# Prólogo

Cuando escuché por la BBC que un periodista argentino había sido detenido y después expulsado de Cuba porque estaba entrevistando a los periodistas independientes de la isla, pensé en una experiencia similar que tuve hace casi trece años. No me di cuenta en ese momento que el nombre del periodista arrestado era Fernando Ruiz, cuyo trabajo sobre el secuestro de Jacobo Timerman ya me había impresionado. Y cuando, por casualidad, encontré su relato en Internet, decidí felicitarlo por e-mail. De este encuentro electrónico surgió la invitación de Fernando para que me encargara de escribir el prólogo a este libro.

Con su crónica tan vivaz, Fernando me ha dado la oportunidad de revisitar Cuba y conocer gente maravillosa. Antes, por mi trabajo para la Sociedad Interamericana de Prensa (SIP), me había relacionado con los periodistas independientes cubanos a través de sus escritos y había hablado varias veces por teléfono con Raúl Rivero, el más conocido entre los miembros de la prensa libre de la isla, por ser el vicepresidente de la Comisión de Libertad de Prensa de la SIP.

Desafortunadamente, después de mi estadía de doce días en La Habana, en septiembre de 1990, mi nombre ha estado en la lista negra del régimen de Castro. Soy persona no grata en Cuba. En aquella oportunidad, fui como delegado de la Liga Internacional de Derechos Humanos de Nueva York para representarla en una conferencia de las Naciones Unidas. Como el régimen de Castro quería tener el prestigio de ser anfitrión de la ONU, aseguró la entrada de todos los representantes de las instituciones adheridas al organismo internacional. Tuve que llegar sin visa –me lo postergaban continuamente–, y conseguí entrar a pesar de mucha resistencia por parte de los funcionarios castristas.

Mi interés por la situación en Cuba había comenzado con mi arribo a la Argentina, en 1959, cuando Fidel Castro estaba todavía en la Sierra Maestra.

Me recuerdo diagramando la primera página del *Buenos Aires Herald* el día de la llegada de los "barbudos" a La Habana. Celebré la victoria sobre Batista como un triunfo para la democracia en toda América Latina. ¡Que desilusión! El resultado de la revolución de Castro ha dado una vuelta de 360 grados para finalizar en otra dictadura que ni siquiera permite un rasgo de democracia.

Creo que una de las razones que le permite a Castro seguir reprimiendo al pueblo cubano es consecuencia de lo que yo llamo "ceguera ideológica". Esta enfermedad mental hace que los seres humanos puedan ignorar aquello que no quieren ver.

Encontré las consecuencias horrendas de la ceguera ideológica en la Argentina durante la dictadura militar –llamada Proceso–, entre 1976 y 1983, cuando la gran mayoría del pueblo argentino rehusó ver lo que estaba frente a su vista y no protestó contra la política de asesinatos clandestinos, acompañados rutinariamente de tortura. Estos crímenes fueron adoptados por los militares en respuesta a una sublevación guerrillera y terrorista.

Recuerdo un ejemplo absurdo pero veraz de ceguera ideológica.

Un empresario argentino radicado hacía algunas décadas en Nueva York me vino a ver al *Buenos Aires Herald*. Él sabía de la campaña publicitaria del gobierno militar en el extranjero que contestaba una supuesta conspiración antiargentina organizada por entidades internacionales de derechos humanos.

Este señor me dijo que había venido a Buenos Aires para descubrir la verdad y expresó su preocupación por algunos reportajes publicados en el *Buenos Aires Herald* sobre la desaparición de personas detenidas por grupos armados, aparentemente bajo órdenes del gobierno militar. Estaba particularmente molesto por los informes sobre las madres de Plaza de Mayo y sus marchas frente a la Casa Rosada para pedir información sobre sus hijos desparecidos.

El propósito de constatar estos hechos lo había llevado hasta la Plaza de Mayo para ver por sí mismo si era verdad. Allí, un policía le dijo que las "madres" no existían y que los informes de desapariciones eran propaganda anti-argentina de simpatizantes del comunismo. En consecuencia, me expuso sus quejas y se mostró disgustado por las supuestas mentiras publicadas en el *Herald*. Yo le expliqué la situación real y le aseguré que las madres de Plaza de Mayo sí existían y que nosotros, en el periódico, éramos muy cuidadosos y publicábamos sólo lo que sabíamos que era verdad. Rehusó creerme porque no cabía en su ideología preconcebida. Él quería creer que el lema de la propaganda del gobierno –"los argentinos somos derechos y humanos"– era correcto. Y esto era lo que él quería creer, a pesar de toda la evidencia contraria.

Recordé a este visitante conservador catorce años después, cuando tuve un encuentro casual con un médico argentino en el lugar donde se desarrollaba la conferencia de las Naciones Unidas, en La Habana. Otra vez estuve frente a un caso de ceguera ideológica, pero en esta ocasión desde la izquierda del espectro político. Me sentía muy feliz de verlo porque, cuando dejé la Argentina, él estaba aún en la cárcel y nunca llegué a conocerlo personalmente. Pero sí conocí muy bien a su madre porque ella me había informado sobre el secuestro de su hijo y su temporaria desaparición en manos de los militares. En ese momento, yo escribí una serie de notas y editoriales insistiendo en que el gobierno debía actuar dentro de la ley. Nuestra campaña tuvo éxito. El gobierno le cambió su *status* de desaparecido a detenido. La madre estaba convencida de que el *Buenos Aires Herald* había salvado la vida de su hijo.

Sentí admiración por el médico, un idealista del socialismo. Aunque él estaba amenazado por las fuerzas militares, quienes lo ficharon como revolucionario maoísta, siguió operando una clínica gratuita para la gente pobre en una de las peores villas miserias en la provincia de Buenos Aires. Al encontrarlo en la capital cubana, esperaba que él viera la similitud entre el régimen de Castro y la dictadura militar argentina. Fue entonces cuando le pedí su ayuda para persuadir al gobierno de la isla de otorgar visas a varios chicos cubanos que querían reunirse con sus padres exiliados. (Eran situaciones parecidas al caso de Elian González, pero al revés.) Le dije que estaba en Cuba como delegado de la Liga Internacional de Derechos Humanos y traté de despertar su simpatía por los disidentes cubanos que había conocido. Además, le expliqué que en ese momento la Liga estaba tratando de persuadir al régimen de Castro para que diera personería legal a los grupos cubanos de derechos humanos.

Otra desilusión. El médico no pudo encontrar nada malo en Cuba que no fuera consecuencia de la política de los Estados Unidos. Su ceguera ideológica le impidió ver el aparato del Estado policial ejerciendo el control de todo en Cuba. Al no ver lo que realmente estaba ocurriendo en la isla, pudo disfrutar y saborear sin reparo de la excelente comida servida a sus huéspedes extranjeros por el gobierno. Fue en este año, 1990, cuando se acabó la ayuda de la Unión Soviética. No hubo remesas de dólares. El hambre reinaba para la mayoría de los cubanos. Sin embargo, para nosotros, los huéspedes, las mesas estaban llenas de exquisiteces y manjares.

A partir de mi salida de la Argentina, en diciembre de 1979, cuando las vidas de mi mujer y cinco chicos estaban en peligro después de una amenaza de muerte dirigida a mi hijo de 11 años, he dedicado una gran parte de mi esfuerzo a la defensa de los derechos humanos y, en particular, a la defensa de la libertad de expresión, el más básico de todos los derechos. En mi trabajo para la Sociedad Interamericana de

Prensa, dos veces como presidente de la Comisión de Libertad de Prensa y como presidente de la Sociedad entre 2001 y 2002, he encontrado más similitudes que diferencias entre gobiernos de la derecha llamados autoritarios y regímenes totalitarios de la izquierda. Cuando estuve en Cuba, reconocí las mismas técnicas de las fuerzas de represión en contra de los disidentes que en el Chile de Pinochet o en la Argentina de Videla.

Pero hay una enorme diferencia de percepción. Los horrores cometidos bajo Pinochet y Videla son universalmente reconocidos y condenados. Pero la dictadura de cuarenta y cuatro años es celebrada y Fidel Castro puede deleitarse con la admiración recibida en Buenos Aires durante su estadía en ocasión de la asunción del presidente argentino Néstor Kirchner. Muchas veces me he preguntado por qué Castro no es abominado como lo es Pinochet, teniendo, en mi opinión, muchísimo en común. Aun aquellos que impulsan la causa de los derechos humanos y se identifican con estas ideas ven al régimen castrista desde una perspectiva distinta, desde otro punto de vista.

Al volver de Cuba, escribí un artículo para la revista *Index on Censorship*, a pedido del entonces editor Andrew Graham-Yooll. Él me comentó que miembros del personal habían manifestado que estaban molestos y sorprendidos porque yo había señalado similitudes entre los métodos usados por el gobierno cubano y la dictadura militar argentina.

Hubiesen querido censurar el artículo. Yo había escrito: "Nada de lo que sucedió me había molestado mucho. (Ya había sido objeto de hostigamiento por parte de la policía argentina durante la dictadura. No se podía atemorizar a alguien que había pasado esos años en la Argentina.) Pero, me preguntaba, ¿podía conformarme con la única 'supuesta' diferencia: el autoritarismo militar argentino y el totalitarismo castrista? ¿Es que nadie es torturado o asesinado (aunque sí ejecutado) en la Cuba totalitaria? ¿Pero, cómo es posible que se sepa la verdad en un país donde no hay libertad de prensa, ni libertad de expresión y solamente el temor es la mortaja que cubre al país?".

La ceguera ideológica puede afectar aun a la gente más sensata, a la que uno menos puede imaginar. En 1980, fui un *visiting scholar* en el Woodrow Wilson Center, en Washington, DC. Durante ese período, hubo otro *fellow* también exiliado: Heberto Padilla, novelista y poeta cubano (véase página 196 del libro), quien había caído en desgracia por no haber seguido la línea impuesta por el partido del régimen castrista. Una protesta internacional organizada por intelectuales de izquierda convenció a Castro de que lo dejara en libertad. No fue sorprendente que la comunidad cubana en exilio lo adoptara. Al salir de la cárcel, fue cortejado por la junta militar de la Argentina. En ese entonces, Padilla pensaba que no se podía comparar la represión cubana con la de la Argentina. No comprendía por qué el mundo internacional clamaba en contra de los métodos usados por el régimen militar argentino.

Por otra parte, los valientes disidentes cubanos han sufrido por la poca intervención (intervención a regañadientes) de los grupos de izquierda para condenar los abusos de los derechos humanos en Cuba.

Fernando Ruiz nos cuenta (véase página 195) sobre el periodista exiliado Juan Arcocha, quien acompañó a Jean Paul Sartre y Simone de Beauvoir cuando éstos fueron a visitar Cuba después de la revolución. Pasado el tiempo, el periodista pidió a esta famosa pareja que volviera a la isla otra vez para entender lo que había sucedido en Cuba años después. A lo que ellos se rehusaron, porque no querían enfrentarse con la realidad. Prefirieron "el recuerdo de la luna de miel de la revolución".

De esta manera, con estas anécdotas, Fernando Ruiz nos muestra de qué modo personajes como Sartre o Beauvoir han evitado cumplir con la obligación de decir la verdad. Ruiz ha podido recopilar las historias de gente maravillosa que se expone personalmente para luchar contra un sistema cruel, en un régimen donde la mentira y la delación ocurren a diario.

Al leer el libro, me vuelvo a preguntar, ¿hasta cuándo seguirá la represión? Al enterarme que Fernando Ruiz había sido arrestado por su encuentro con disidentes, me sorprendí. Pensé que era una reacción burda y absurda. Este acto obligaba al mundo a volver sus ojos otra vez hacia Cuba.

Recordé lo que había escrito hace catorce años: "Aunque hay represión en Cuba, hay indicios de movimientos hacia la libertad". Pero también, como a Fernando Ruiz, toda la información que había recolectado en Cuba me fue sustraída antes de mi partida.

Es en este momento, en el año 2003, cuando las mentiras abundan, cuando es difícil saber dónde y quién tiene la verdad, que este libro debe ser leído. Es un documento sincero, escrito por un periodista que siempre ha querido buscar la verdad. Un periodista sin ceguera ideológica que expone la verdad como él la vio.

Robert Cox<br>Julio de 2003

## 1. Hoja de ruta

"Tú no me vas a creer, pero nunca me he subido a un carro así", dijo emocionado Omar, periodista independiente de la ciudad de Santa Clara, al subirse a un Toyota Yari. Cuando Alinda, directora de una biblioteca independiente, se subió al mismo auto me enteré que nunca había visto un cinturón de seguridad. Empecé a pensar que aun para gente de un alto nivel cultural eso podía ser posible. La Autopista Nacional que recorre la isla desde La Habana hasta casi Ciego de Ávila no tiene iluminación y apenas está señalizada. No es que la iluminación no funcione, sino que ni siquiera hay postes. Y los frecuentes carteles que aparecen avisan sobre lo bien que va la revolución, pero muy poco dicen sobre en qué lugar de Cuba usted se encuentra. Por eso me perdí una cena en la casa del periodista independiente Hugo Araña, en la ciudad de Matanzas. La carretera parece una gigantesca lonja de playa de estacionamiento de cientos de kilómetros apenas dividida por un pastizal.

Al costado del camino, durante los días que estuve recorriendo las rutas cubanas, vi miles de cubanos esperando durante horas alguna clase de transporte para movilizarse. El transporte urbano es igual de malo. Una joven periodista cubana me hizo un comentario extraño para una sociedad moderna: "Mi principal lugar de lectura es la parada de las guaguas (ómnibus de transporte público)". Claudia se pasa varias horas por día esperando el transporte urbano. Ciudades importantes como Camagüey tienen a los carretones –carretas tiradas por un caballo que llevan hasta ocho personas– como el principal medio de transporte. En La Habana misma, los bicitaxis se han multiplicado. Por toda la ciudad circulan estos ciclistas que llevan a tracción humana a dos y hasta tres personas. Como me ocurrió a mí, usted puede sufrir una demora en una cita de trabajo porque su bicitaxi tuvo que parar a hacer sus necesidades en el camino.

Cuba es un museo viviente. Es el país del tiempo inmóvil. Desde 1959 el mundo ha gozado de una enorme cantidad de desarrollos técnicos, pero la inmensa mayoría de los cubanos está al margen. Los electrodomésticos, los autos, las comidas, los almacenes, las farmacias, los negocios comerciales o de reparaciones, los bares, la variedad de productos y servicios para la vida de todos los días, todo ese instrumental básico de cualquier sociedad medianamente desarrollada, en Cuba es un privilegio de pocos. Como ocurría con Albania en Europa. Y el mínimo progreso que llega a los cubanos es proclamado como un triunfo de la revolución. Muchos lo creen así. Casi cinco décadas de discurso oficial parecen haber convencido a los cubanos de que todo lo que tienen es merced del proceso revolucionario, y que su esfuerzo y su talento individual nada tienen que ver. Si uno terminó la universidad, si viaja a algún país, si recibe un televisor o una bicicleta, es un premio o un favor del dueño de la isla, al que hay que agradecer. Y nada de eso se hubiese alcanzado con otra forma de gobierno, y menos con una despreciable "democracia representativa". El discurso del régimen intenta que los retrocesos sean presentados a veces como fruto de la gracia revolucionaria: sin dictadura, dicen, el retroceso hubiese sido mayor.

El ex presidente checo Vaclav Havel, dramaturgo y disidente, retrató el lenguaje totalitario en una conferencia en Miami, en septiembre de 2002:

> "Todo un sistema de persecuciones, de prohibiciones, de informantes, de elecciones obligatorias, de espiar al vecino, de censura y, en última instancia, de campos de concentración se esconde tras un velo de palabras hermosas que no se avergüenzan, ni en lo más mínimo, de llamar a la esclavitud una 'forma superior

de libertad' ni de tildar al pensamiento independiente de 'lacayo servil del imperialismo' o denostar al espíritu emprendedor con el mote de 'explotación del hombre por el hombre', para luego pretender que se les llame, a los derechos humanos, un 'invento de la burguesía'."

La Habana parece una ciudad bombardeada. Con la excepción de algunos pocos barrios, donde viven la aristocracia revolucionaria y los extranjeros, parece un enorme conventillo habitado por amontonadas familias ampliadas. Los derrumbes son frecuentes. Es posible que esta ciudad se desplome antes que se desplome el régimen. La revista del *National Geographic* se refirió a La Habana en junio de 1999 como "esa magnífica y desmoronada ciudad de 2,2 millones de almas". Una de las cosas para las que realmente se necesita valor allí es para subirse a un ascensor en cualquier edificio de viviendas particulares, e incluso en algunas dependencias oficiales. Un serio estudio de infraestructura seguramente calificaría como inhabitables enormes barrios de la ciudad. Por supuesto que esto ocurre también en otras megalópolis latinoamericanas, pero siempre se ha sostenido que la isla de Fidel era la excepción.

Si la realidad contradice el discurso oficial sobre el progreso social, también desmiente el anunciado progreso moral. Cuba es un país inundado de corrupción. La inmensa mayoría de los cubanos cumple alguna labor ilícita, como comerciar algunos bienes que les sobran por otros que les faltan. Los llamados "desvíos" en los lugares de trabajo son habituales. Consiste en robar productos del lugar donde se trabaja para luego comercializarlos en el mercado negro. En Cuba existe igual o mayor actitud materialista que en la más capitalista y opulenta sociedad de consumo. Sólo que la calidad y la disponibilidad de los bienes que fijan *status* son infinitamente más reducidas. Frente al extranjero, el acoso es constante. El extranjero es visto como un objeto al cual hay que aspirarle algún dólar de alguna forma. Y la policía revolucionaria no parece diferente de otras policías latinoamericanas. Una noche, al pasar por un puente a exceso de velocidad, un policía me indicó mi falta y luego me pidió que hiciera un aporte porque, ¡oh casualidad!, dijo, "es mi día de cumpleaños". En la cárcel del Ministerio del Interior en la que estuve durante dos días, los guardiacárceles me pidieron una "colaboración" justo antes de que saliera en libertad. Son dos experiencias personales de pedido de coima –habituales en el resto de los países latinoamericanos– ocurridas en menos de una semana. Interesa remarcar lo siguiente: también son habituales en Cuba. La prostitución en La Habana llega a niveles no frecuentes en la región. Claro que en todos los países existe la prostitución, pero mi impresión fue que aquí no sólo abunda sino que la prostitución persigue al extranjero. A veces uno tiene la degradante sensación de que es tan precaria la vida cotidiana que toda mujer cubana podría ser presa fácil, con el mínimo incentivo material, de la explotación sexual. Probablemente, esta es una sensación parecida a la que pueden tener los guardias de un campo de concentración con respecto a las mujeres detenidas.

Durante varias décadas, desde Cuba se promovió un chantaje intelectual hacia América Latina. Se dijo y todavía se repite que el desarrollo social de Cuba no era comparable con el de ningún otro país de la región. Que en Cuba no hay ni pobreza ni corrupción. Que la existencia de una pobreza generalizada en Brasil, Chile o Argentina invalidaba esos regímenes políticos y los hacía inferiores al cubano. Ese chantaje es inaceptable para la mentalidad moderna de la sociedad democrática mundial. No se acepta intercambiar la libertad para recibir el progreso. Se piden las dos cosas. Pero además ese chantaje es falso: Cuba no ofrece progreso social. Existe un sistema educativo sin libertad y un sistema de salud donde la compra de los muy escasos medicamentos disponibles es costosa, y a veces imposible, para los cubanos. De hecho, una de las principales contribuciones que hacen los exiliados a sus familias consiste en el envío de medicamentos.

Cuba es un país pobre y atrasado, pero no es sobre esto que trata este libro. Porque si Cuba fuera un éxito en productividad y eficiencia, y los cubanos tuvieran una gran disponibilidad de bienes, igual el país sería radicalmente injusto. El problema es la libertad, porque Cuba es una cárcel. Los cubanos están presos en la isla igual que el protagonista de *Los miserables* en la Isla de Guernesey, Papillón en la Isla del Diablo, Napoleón en la Isla de Elba o varios presidentes argentinos del siglo XX en la isla Martín García. Las islas parecen predispuestas al estereotipo del paraíso o de la cárcel, y en la preciosa Cuba se cumple el peor designio.

## 2. La verdad y la mentira

La dictadura es un tipo de régimen político en el que el pueblo tiene el poder pero no lo ejerce, porque para el pueblo el poder siempre está disponible. Nada se le puede oponer a un pueblo rebelado. No hay aparato represivo que sea capaz de frenar una acción colectiva masiva y unitaria de la sociedad civil. Pero las dictaduras que se consolidan son las que tuvieron éxito en disuadir y aislar los brotes de oposición colectiva.

Quienes viven bajo una dictadura toleran una cierta degradación de sus derechos y, por lo tanto, aceptan una rebaja de su dignidad humana. Aceptan no participar en las decisiones públicas con pensamiento propio, aceptan integrar organizaciones en las que no participarían si no se sintieran presionados, aceptan mentir muchas veces sobre sus opiniones públicas, aceptan manifestar apoyos que no son sinceros, aceptan que la escuela enseñe a sus hijos ideas e historias en las que muchos de ellos no creen. En fin, aceptan vivir en la mentira. La paradoja es que ellos mismos se convierten en víctimas individuales de su propia forma de acción colectiva. La actitud pública que ellos tienen como ciudadanos del régimen socialista cubano es la actitud que impide que cada uno se desarrolle plenamente como individuo. Son sus propios carceleros, porque ellos tienen la llave para salir pero no la usan.

En Cuba, los periodistas libres, y toda la sociedad cubana disidente, son islas de libertad que se juntan hasta formar un archipiélago. Con su actitud individual rompen la cadena del consenso de la dictadura. No manifiestan si no están de acuerdo, no votan si no están de acuerdo, no dicen lo que no piensan, no repiten lo que no creen. Dicen y viven la verdad, y se niegan a ser cómplices de la mentira que constituye casi la primera institución política del régimen, como ocurre con cualquier dictadura. Así como la mentira es la principal arma de defensa de las dictaduras –posiblemente más que la fuerza–, la verdad es la principal arma para derribarlas. Fidel Castro sostiene que el embargo bloquea el desarrollo económico de Cuba. Fidel Castro sostiene que todo el pueblo lo apoya y eso se demuestra con las votaciones y manifestaciones masivas. En Cuba hay una plena equidad social, sostiene Fidel Castro. Estas mentiras estructurales son repetidas por todo el sistema de poder cubano, hasta por el último Comité de Defensa de la Revolución (CDR)[1] en el pueblo más pequeño del territorio.

El disidente soviético y Premio Nobel de Literatura Alexander Solzjenitsin escribió su manifiesto más conocido el 12 de febrero de 1974. *No se puede vivir en la mentira* era el título de la proclama en que convocaba a los soviéticos a decir la verdad porque, si esa sola actitud individual se hacía colectiva, el régimen temblaría.

> "¡No estamos dispuestos a dispensar nuestra colaboración personal a la mentira! Aunque la mentira cubra todo con su ponzoña, aunque la mentira reine por doquier, nosotros no claudicaremos. Aseguremos, de todos modos: ¡No dominará con mi ayuda!"

El disidente pidió a los moscovitas que no fueran a manifestaciones contra su voluntad, que no repitieran como verdaderas ciertas frases y sentencias en las que no creían, que abandonaran toda reunión donde el orador mintiera o hiciera "propaganda descarada" y, entre otras acciones de sinceramiento, que no se comprara la prensa "en la que la

---

1. Comités de Defensa de la Revolución. Creados en septiembre de 1960, son centros en cada manzana de cada población dedicados a la vigilancia social, coordinados y dirigidos por la dictadura.

información esté amañada falsamente o se escamoteen hechos fundamentales".[2] Al día siguiente, Solzjenitsin fue detenido y luego desterrado.

Al describir la caída de la dictadura comunista checoeslovaca, el disidente Vaclav Havel descubrió cuán central era sostener la mentira para el régimen:

> "La experiencia de mi país fue muy sencilla: cuando la crisis interna del sistema totalitario se hace profunda hasta tal punto que ya para todos es obvia, y cuando un número cada vez mayor de personas aprende a hablar en un lenguaje propio y a rechazar el lenguaje charlatán y mentiroso del poder, la libertad ya está muy cerca, casi al alcance de la mano. De repente salta a la vista que el 'monarca está desnudo', y el misterioso resplandor de la palabra libre y del comportamiento libre resulta ser más fuerte que el más poderoso ejército, que la policía o que la jerarquía del partido, más decisivo aún que la destrucción sistemática y centralizada de la economía, o que los centralizados y avasallados medios de difusión, principales responsables de la propagación del mentiroso lenguaje de la utopía oficial."

En Cuba hay personas que siguen el camino trazado por Solzjenitsin y descripto por Havel. Hay mujeres y hombres libres que no se someten, o que se han rebelado después de formar parte de las estructuras del poder totalitario. Y su acto más radical de libertad, en el contexto en el que viven, consiste en el simple hecho de decir la verdad, que quizás es lo primero que todos los padres del mundo intentan asegurar para sus hijos.

Esto debería ser contado por medio de imágenes, pero la Seguridad del Estado me madrugó un martes. A las 7 de

---

2. Solzjenitsin, Alexander, *Carta a los dirigentes de la Unión Soviética*. Barcelona, Plaza & Janés, 1974, pp. 109-119.

la mañana tocó mi puerta un oficial de migraciones, acompañado por un policía de civil, y sobre mi cama comenzó un interrogatorio. Durante el día, ya instalado en una cárcel para extranjeros del Ministerio del Interior, en el barrio Vedado, tuve cuatro largos interrogatorios más. Y me sacaron todo el material audiovisual que había acumulado en mis entrevistas. Por lo tanto, deberán creerme. Contaré con palabras las imágenes que tomó mi cámara y transcribiré textualmente los ricos testimonios que recogí de los periodistas independientes. Antes de viajar a Cuba había grabado entrevistas telefónicas con la mayoría de ellos, a los que luego conocí y visité en sus casas. Existía la posibilidad de que me sacaran todo el material y por eso preferí llegar a Cuba habiendo recogido ya todos los testimonios.

Mi inmersión en el periodismo independiente cubano resultó tan inesperadamente profunda que incluyó largas conversaciones con los oficiales de la Seguridad del Estado. Durante mi detención estuve cara a cara con los mismos oficiales que interrogan habitualmente a los periodistas independientes. Ellos no se identifican, lo hacen con seudónimo o con nombre falso. Están en guerra, con "mentalidad de fortaleza sitiada", como pretenden que esté toda la sociedad cubana.[3] Mientras esperaba en una camioneta del Ministerio del Interior que me llevaría a la cárcel, un oficial de civil se acercó a los dos que estaban más próximos a mí y los saludó diciendo: "Estamos rodeados y no precisamente de agua". Mi ínfima experiencia carcelaria no tuvo ningún punto de comparación con la que viven los disidentes, pues es imposible para un extranjero sentir y sufrir lo que el régimen tiene preparado para ellos. El único parecido fue que, apenas por un día, probé el agua con azúcar que intenta representar un desayuno.

---

3. La expresión es de Homero Campa, "La prensa en Cuba: las sutilezas del sistema". Diciembre de 1998, www.saladeprensa.org.

Durante mucho tiempo el encargado de vigilar la prensa independiente en La Habana se hacía llamar Aramis, y los dos oficiales de la policía política que me interrogaron decían llamarse Ernesto, de algún modo para degradarme –como argentino que hace contacto con elementos contrarrevolucionarios–, frente a ellos que son fieles herederos del argentino *Che* Guevara. Incluso uno de ellos duplicó su cubanía revolucionaria y firmó mi declaración con el siguiente nombre: Ernesto Nacer Martí. Me preguntaron mi opinión sobre el *Che* y no me animé a decir lo que pienso. Si hubiera sido un poco más valiente les hubiera contestado que no fue un demócrata, ni fue un pacifista, y por lo tanto no me parece un modelo. Matar para imponer las ideas me parece una actitud fascista y lamento que el *Che* sea un icono universal, incluso en las manifestaciones pacifistas de cualquier gran ciudad del mundo. Además, el *Che* fue un inspirador decisivo de miles de latinoamericanos que ingresaron a la lucha armada, y esa no fue precisamente una decisión política democrática, sino más bien todo lo contrario. Sería revelador para muchos mitificadores del *Che* ver cómo su historia es ejemplo para los jóvenes estalinistas de la Seguridad del Estado cubana. En esas pocas horas de encierro pude comprobar algo que me dijeron sobre la policía política varios periodistas en las entrevistas, pero me costaba entender: "Son iguales a nosotros, pero malos, muy malos". Uno de los más relevantes nuevos periodistas cubanos, me dijo:

> "Con Aramis tenemos vidas paralelas. Cuando yo estoy ingresando a la prensa independiente, Aramis también está iniciando su carrera como oficial de calle. Yo iba avanzando mi carrera por un lado y Aramis también iba avanzando por la suya, tengo entendido que hoy es de la sección de Seguridad del Estado que tiene que ver con los periodistas independientes, eso es lo que puedo aportarle. Hay muchas historias mías y de Aramis. [...] Siempre hay un contrapunto. [...] No sé si se

acordará de la novela *Los miserables*, el contrapunto entre el protagonista y el policía, y hay hasta comportamientos psicológicos bastante similares. No sé si ganaré yo, pero sí que valió la pena luchar."

Según el periodista libre Jesús Álvarez Castillo, Aramis fue el cerebro principal de los sucesos que en Ciego de Ávila terminaron el 4 de marzo de 2002 con una decena de militantes de los derechos humanos, entre ellos dos periodistas independientes.[4] La policía política mantiene con estos periodistas lo que se denomina en el idioma político-policial cubano "conversaciones de intereses". Esta charla amigable que sufren los periodistas puede consistir en inesperadas visitas al domicilio o en una citación al cuartel sin explicación alguna. Se trata de hablar sobre lo que les convendría hacer para no tener problemas, y dan suficiente información como para que el periodista no tenga dudas de que su vida privada está vigilada.

También está controlado todo el cuerpo diplomático, en primer lugar por su propio personal de origen cubano, al que se debe contratar en una agencia estatal específica. Un caso interesante sobre la omnipresencia del régimen es el de la sede diplomática de los Estados Unidos. En ese lugar es donde la mayoría de los periodistas independientes accede a Internet. Pero allí no son atendidos por ningún funcionario estadounidense, sino por empleados de nacionalidad cubana contratados a esa agencia estatal, y por lo tanto personal seleccionado. Los periodistas independientes tienen la certeza de que todos esos empleados, por presión o por vocación, son informantes de la policía política.

Los periodistas, además, son activos trabajadores en un país donde uno tiene la impresión de que es muy poco lo que

---

4. Lionet, Christian, "La información, coto privado del Estado". Informe de misión en Cuba de Reporteros sin Fronteras. 17 de diciembre de 2002.

se trabaja. Incluso, son cada vez menos los que trabajan. En los últimos meses, por ejemplo, el gobierno cerró la mitad de los ingenios azucareros de Cuba por baja productividad. El drama cotidiano del transporte público hace incierta la llegada al centro de trabajo, y allí suele haber pocos estímulos para el esfuerzo. Los reporteros libres, en cambio, parecen tener cada día más trabajo. A veces, entre alertas por la violación a los derechos humanos y artículos más largos, escriben doce notas en una sola semana.

Estos periodistas independientes son hombres libres en su conciencia y frente a la humanidad, pero en Cuba son presos ambulantes. Ocasionalmente pueden estar en la calle, pero violan las leyes que impone el dictador y la policía lo sabe. A ratos los toleran, a ratos los persiguen. Las estrategias represivas varían y tienen el tacto especial y la adecuación al caso específico de quien maneja todas las palancas del poder. Existen las grandes condenas y el pequeño acoso, como multar a un periodista por dormir en la casa de su novia, que no es su "residencia oficial".

La dictadura combate toda comunicación que no proceda de ella, e intenta cortar ese proceso en cualquiera de sus etapas: detienen o maltratan de alguna forma cubierta o encubierta a los periodistas, les roban sus elementos de trabajo, los trasladan cientos de kilómetros, cortan sus líneas de comunicación, castigan a las fuentes informativas y a los extranjeros que hablan con ellos y los apoyan. Pero los periodistas no se esconden, ni hacen nada clandestino. Cuando usan el teléfono o el fax saben que no están solos, que alguien escucha detrás de la línea, y no por eso reducen su crítica.

Varios me mostraron desde la ventana de sus casas cuáles eran los "chivatos", aquellos informantes constantes de su vida cotidiana. Algunos me lo decían con certeza y otros no tanto. "Nosotros creemos que es esa señora, que avisa a aquella otra que es la que tiene el contacto con la policía política, pero puede ser algún vecino que no me imagine", dijo un periodista en una de las ciudades del interior de Cuba. En sus publicaciones aparecen sus datos personales, firman con nombre y apellido, dan su teléfono y dirección a quien se lo pida y en sus ocasionales videos se muestran de cuerpo entero. "Nuestra forma de conspirar es hacer todo público", dijo uno de ellos. No se ocultan. Como escribió Andre Sajarov, disidente soviético, "como no tengo nada que ocultar, me limito a pasar por alto a nuestro ejército de sombras muy bien pagadas". Son libres y además valientes. "El periodista independiente, el que asume esa posición de verdad, es un valiente, es un valiente porque nos estamos jugando, como decimos aquí los cubanos, de diez a veinte años todos los días", sostiene una de ellas.

Los periodistas saben que hay leyes elaboradas contra ellos, cuya existencia es un reconocimiento público de que comenzaron a molestar al régimen. La sanción de la ley 88 (Ley de Protección de la Independencia Nacional y de la Economía de Cuba), en marzo de 1999, fue dirigida especialmente a ilegalizar su trabajo. El periodista Víctor Arroyo aseguró que, en el texto de esa ley, sólo faltaba la lista de periodistas para detener. Cuando el régimen se decidió a usar esa ley, cuatro años más tarde, el nombre de Arroyo figuró en los primeros lugares de la lista de condenados, con veintiséis años de prisión.

En esa ley se previeron varios años de cárcel (hasta veinte) por colaborar con un medio extranjero, y como no hay un solo medio oficial cubano que les publique o difunda, todos los periodistas libres trabajan con medios extranjeros. Pero ellos lo siguen haciendo a la luz pública, sin ocultarse. María Elena Alpízar, periodista libre de 61 años, le dijo a un oficial de la policía política: "No me tenga miedo, el miedo en todo caso lo tendría que tener yo". Cada vez que termina de leer su nota a *Radio Martí*, que es escuchada en toda la isla, dice: "Desde Placetas, en la región central, María Elena Alpízar Ariosa".

La ley 88 fue sancionada catorce meses después de la visita del papa Juan Pablo II a la isla. La estrategia represiva del régimen parece estar condicionada en primer lugar por las necesidades internacionales, así que cuando el Papa abandonó Cuba, el dictador se sintió con las manos libres para acentuar otra vez una represión que en los meses previos había suavizado. Pero hay quien dice que es una ley que nació derrotada, como Víctor Arroyo, periodista libre en la provincia de Pinar del Río:

> "Lo único que faltó en esa ley fue un listado de los periodistas independientes y su dirección, pero yo creo que ya para ese momento el régimen había perdido tiempo, había perdido un precioso tiempo porque la prueba fue que tras esa ley, sencilla y llanamente, lo único que pasó fue que aumentó el número de periodistas independientes, aumentaron el número de sus reportes y la calidad. Yo recuerdo que durante aquellos días, el entonces director de *Radio Martí*, el señor Tejera, hizo toda una serie de programas y de verdad que aquello fue fantástico, cómo creció toda la actividad del periodismo que se mantiene. Los periodistas independientes hay veces que nos acordamos de esa ley cuando algunas personas como usted o alguien nos la menciona, pero sencillamente trabajamos con una tranquilidad asombrosa dentro del país. Yo, en particular, casi nunca me acuerdo de ella. Los oficiales políticos del régimen hablan de ella constantemente en los interrogatorios y demás. Pero lo que pasa es que es tan evidente la información que nosotros damos, es tan comprometedora para el régimen, es tan real que el régimen la diseñó y la edificó fuera de tiempo. Ya era tarde."

Incluso, a veces son matrimonios, y hasta familias enteras, los que viven esa libertad a un precio temible, pues la dictadura cobra caro el desafío. El gran dilema de la ruptura parece ser que para estar de acuerdo con la propia conciencia hay que ponerse al país en contra. Hay periodistas oficiales que piensan en convertirse en independientes y éstos les sugieren que lo piensen bien pues pueden descarrilar sus vidas. Muy pocos conservaron su empleo. Muchos de ellos son ignorados por los vecinos, y a veces repudiados. Varios de sus hijos tienen problemas en sus escuelas, y el régimen siempre ha dicho que "la universidad es para los revolucionarios", por lo que es un territorio de difícil acceso para los que cruzaron la línea.

El matrimonio de periodistas libres formado por Mario Mayo y Maidelin Guerra, creador de la agencia periodística *Félix Varela*, en Camagüey, ha decidido no tener hijos hasta que el sistema no pueda usarlos como método de presión, y esperan ansiosos la caída del régimen para concebir. Según el registro de *Reporteros sin Fronteras*, durante el año 2000 hubo treinta y nueve detenciones, treinta durante el 2001 y casi cuarenta durante el 2002. Uno de los elegidos este último año fue el propio Mario Mayo. Unos días después de que Mario publicara información sobre la policía política, una vecina lo acusó ante el Comité de Defensa de la Revolución (CDR) de su cuadra de haber estado gritando en su casa contra el régimen. Lo amenazaron por "usurpación de funciones públicas" porque ejercía el periodismo sin título universitario. A veces las detenciones momentáneas incluyen a los hijos, como en el caso de la periodista Milagros Beatón, de Santiago de Cuba, quien fue citada junto a sus hijas de 10 y 13 años.

La policía secreta intenta infiltrar a las agencias de prensa. Durante 2002, en una de las agencias periodísticas descubrieron que una de sus jóvenes periodistas tomaba anotaciones sobre diálogos privados y hacía preguntas que no parecían necesarias. Simplemente anunciaron en una de sus reuniones semanales que no iban a continuar con la agencia, y siguieron reuniéndose sin avisarle. Quien me narró el episodio no tenía resentimiento contra la informante pues decía que seguramente la policía política había encontrado alguna forma de presionarla, algo que en el actual sistema totalitario es muy fácil.

Otras veces la Seguridad del Estado reprime mucho a algunos periodistas y a otros no los molesta para nada, para generar dudas entre ellos. Algunos me han dicho que prefieren trabajar sólo con sus familiares para evitar las infiltraciones. El objetivo del poder es diseminar la desconfianza entre la sociedad disidente para anularla, bloquearla, sacarle energías y facilitar su dominación. Las dictaduras cuidan la acumulación y preservación de su poder mediante la siembra de la desconfianza. Es por eso que la construcción de la democracia es también la construcción de la confianza entre los cubanos.

## ÚLTIMAS NOTICIAS

**LARGAS CONDENAS A PERIODISTAS INDEPENDIENTES EN CAMAGÜEY**
**08/04/2003**

Por Ramón Armas Guerrero / El Mayor Camagüey, (NPC).- El juicio sumario celebrado el pasado jueves 3 de abril contra los periodistas Normando Hernández González, director del Colegio de Periodistas de Camagüey; **Mario Enrique Mayo**, director de la agencia de prensa Félix Varela; Alejandro González Raga, periodista independiente camagüeyano y Alfredo Pulido López, periodista de la agencia de prensa El Mayor, estos dos últimos miembros del Comité Ciudadano Gestor del Proyecto Varela en Camagüey, culminó con sanciones que oscilan entre 14 y 25 años.

A la vista oral sólo le fue permitida la entrada a los familiares y se dio a conocer la identidad de Otuardo Hernández Rodríguez, agente de los órganos de la inteligencia, hasta ese momento delegado en Camagüey del Partido Pro Derechos Humanos, quien laboró de manera encubierta dentro de los grupos de oposición, testificando a favor de la fiscalía e incriminando a los acusados.

## 34 Otra grieta en la pared

Durante el desarrollo del juicio, los abogados de la defensa trabajaron con profesionalidad y maestría, logrando reducir algunas condenas, no obstante, las autoridades comunicaron al siguiente día a los familiares los veredictos que siguen: para Normando Hernández González, 25 años de cárcel; **Mario Enrique Mayo**, 20 años, Alejandro González Raga, 14 años y Alfredo Pulido López, 14 años.

En los registros practicados en los domicilios de los encartados, las autoridades decomisaron libros, materiales didácticos y noticiosos, equipos de fax, radios, grabadoras, cámaras fotográficas y de video, medicinas, vales de entrega de dinero de la Western Union.

El proceso judicial que comenzó a las 9 a.m. y terminó a las 8 p.m, estuvo matizado por la solidaridad de un nutrido grupo de amigos que permaneció durante todo el tiempo, en los alrededores de la instalación. Al momento de redactar esta nota, se desconoce el lugar donde extinguirán las sanciones los cuatro periodistas camagüeyanos.

Nueva Prensa Cubana (www.nuevaprensa.org) / Reportó desde Camagüey, Ramón Hugo Armas Guerrero / El Mayor.

## 3. Historia

La nueva prensa libre cubana nació en la cárcel, supuestamente el lugar de la sumisión más absoluta. Allí comenzó a desplegarse un acto de libertad que hoy cubre toda la isla. Los primeros medios de comunicación alternativos fueron las llamadas "balitas", y surgieron en el inicio del presidio político con posterioridad a la revolución de 1959, cuando el paredón comenzó a quedar en desuso tras el tableteo febril de los comienzos de la era fidelista.

Las balitas eran noticias escritas en papeles pequeñísimos, en letra minúscula, que se envolvían en un plástico y se sacaban en las zonas íntimas, en el pelo o en algún objeto donde pudieran disimularse. Pero durante largos años nadie contestó esos mensajes. Recién en 1988 llegó a la isla la primera misión de las Naciones Unidas para investigar los derechos humanos, y hubo que esperar hasta 1992, treinta y tres años después del comienzo de la dictadura, para la primera condena a Cuba emitida por la organización internacional.

Fue en los noventa cuando surgió y se consolidó el periodismo independiente cubano, y a mediados de esa década se produjo la explosión. Ahora ya hay dos grandes organizaciones que agrupan a los periodistas: la *Sociedad Profesional Márquez Sterling*, liderada por Ricardo González Alfonso, y la *Federación de Periodistas de Cuba* (FEPEC), presidida por Manuel David Orrio. González Alfonso, desde la más numerosa *Márquez Sterling*, describe los comienzos:

"Ya a principios de los 90 surgió la *APIC* [Asociación de Periodistas Independientes de Cuba] y, posteriormente, en el '95, se creó un intento de unificar la prensa independiente bajo el título de *Buró de Prensa*, que agrupó a varias de estas organizaciones.

Sin duda, en el '95 hubo una explosión en el sentido cuantitativo y, por qué no, también cualitativo del periodismo de una forma más organizada, más profesional. Muchas agencias estaban en este buró, que después se disuelve y pasa a ser ella misma un buró. Sin entrar en este buró, el 3 de septiembre del '95 Raúl Rivero funda *Cuba Press*, que ha sido un símbolo por la cantidad y la calidad de los periodistas que han trabajado en esa agencia, y otras agencias. Casi todas eran en ciudad de La Habana, entonces comenzaron a surgir en otras provincias grupos a los que se les llama agencia por una tradición, pero realmente son pequeños grupos de periodistas, a veces son tres, a veces son trece. Pequeños grupos de periodistas para evitar ser infiltrados y divididos por el gobierno. Es una estrategia de defensa natural. Así es que en estos momentos hay en casi todas las provincias y sí se cubren todas las regiones del país. Al buró lo estaba dirigiendo Yndamiro Restano, pero ese buró duró muy poco tiempo. Fue un intento de unificar, pero muchos periodistas vieron en eso no una fuerza, sino un peligro de penetración, por tanto algunos no quisieron entrar. Incluso algunas agencias no quisieron entrar. Incluso *Cuba Press* no quiso incorporarse a ese buró por el peligro de esa unificación, pues era más fácil ser penetrada y ser golpeada. Mientras que si era pequeña y si estaba fraccionada era mucho más difícil ser acosados."

La sede de la *Sociedad Profesional Márquez Sterling*, que preside González Alfonso, está instalada en la planta alta de la casa de su presidente. Durante el día, el lugar está casi tomado por los periodistas de La Habana y del interior que llegan hasta allí. Se vive clima de redacción, como ocurre también en la casa de Manuel David Orrio, donde se juntan los periodistas de la *Cooperativa de Periodistas Independientes*, o en la casa de la ex periodista oficialista Ana Leonor Díaz, donde se reúnen los miembros del grupo *Decoro*, o en la casa de Ramón Armas Guerrero, en la ciudad de

Camagüey. Fue muy emocionante para mí participar en reuniones y discusiones en esos territorios liberados. Por ejemplo, en la sede de la *Márquez Sterling*, donde hacíamos las entrevistas a los periodistas independientes del interior de Cuba en el portal de la casa, sabiéndose vigilados, pero actuando con completa libertad en sus narices. En esa casa también pude ver algo que no es frecuente en la isla, un cuarto con las paredes pintadas que tenía algún parecido con una oficina normal. Ese milagro se produjo con los dólares provenientes de un premio por la libertad de prensa concedido por una organización internacional. Pero una vez que uno salía de ese cuarto, y bajaba otra vez por la escalera, ingresaba en la típica casa cubana, con paredes despintadas, muebles desvencijados y electrodomésticos corroídos y antiguos.

La otra organización de periodistas independientes es la *Federación de Periodistas de Cuba* (FEPEC), presidida por Manuel David Orrio. La FEPEC fue fundada el 7 de noviembre de 2000 y realizó su primera asamblea el 14 de marzo de 2001. Allí definieron los principios que debe seguir todo periodista profesional en Cuba, aunque a cada uno de esos estándares le correspondiera un delito tipificado por la dictadura: "desacato" puede ser usado contra cualquier crítica a los funcionarios; "propaganda enemiga", "peligrosidad social" o "alteración del orden público" pueden ser el cepo para quien quiera investigar para cumplir con el derecho a la información. Pero ellos están dispuestos a alcanzar los estándares que se han propuesto, pues saben que están cambiando los aires en Cuba.

Frente a los que creen que la realidad de Cuba es inmóvil, ellos pueden pensar lo que Hannah Arendt decía del imperceptible comienzo del fin de las dictaduras: "Parece como si nada hubiese cambiado, mientras que en realidad ha cambiado todo", y ejemplificaba diciendo que "la diferencia entre una literatura clandestina y la ausencia de literatura equivale a la diferencia entre uno y cero".[1] La transición hacia la democracia ya comenzó en Cuba y de hecho se ha extendido el uso de la expresión "Estado post-totalitario cubano". Desde hace al menos quince años está emergiendo en Cuba una sociedad civil que existe en el paisaje político y social de la isla como un hecho irrevocable. Está por fuera del Estado, no siempre ni necesariamente contra el Estado, pero sí esta fuera de él.

Y una de las fuerzas más sólidas y persistentes dentro de esa sociedad civil es el periodismo que, por su propia naturaleza, todos los días, de manera espontánea, va penetrando la entraña del régimen y señalando su desnudez.

En las democracias se tiende a que el Estado sea transparente y la sociedad sea opaca; a que todos los ciudadanos sepan lo más posible del Estado y éste sepa apenas lo necesario sobre los ciudadanos, para su seguridad y para su libertad. En las dictaduras, en cambio, se invierte el principio: el Estado es opaco y la sociedad debe ser transparente; nada sabe el ciudadano sobre lo que ocurre en el poder público, y éste quiere saber todo y controlar todo sobre los individuos que componen la sociedad. Por eso la información es un recurso clave de la dominación totalitaria: necesita ocultar y conocer, y las dos cosas con igual grado de necesidad.

El periodismo en una democracia avanza sobre el Estado del mismo modo que la policía en las dictaduras avanza sobre la sociedad. En los procesos de transición, entonces, el periodismo es una de las profesiones más relevantes y decisivas porque permite que ese cambio político también se consolide en su dimensión informativa.

La nueva prensa cubana es un hecho irrevocable, y lo es además porque no es una curiosidad exclusiva de la ciudad más moderna de Cuba, como podría ser La Habana. Es un

---

1. Arendt, Hannah, *Los orígenes del totalitarismo*. Madrid, Taurus, 1974, p. 40.

movimiento que brota en todas las ciudades del país, e incluso en varios pueblos. En La Habana tienen su cabecera agencias como *Cuba Press*, *Decoro* o la *Cooperativa de Periodistas Independientes*. Y a principios de 2003 ya se podía hablar de más de un centenar de personas, en todo el territorio, que tenían como ocupación rentada la prensa libre. En Ciego de Ávila está la *Agencia de Prensa Libre Avileña* y la *Agencia Patria*; en Santa Clara, *Centro Norte Press*; en Camagüey, está la *Agencia Colegio de Periodistas Independientes de Camagüey*; en Santiago de Cuba, *Oriente Press*; en Pinar del Río, *Pinar Press*; en Las Tunas, *Agencia de Prensa Libertad de Las Tunas*. Además hay publicaciones independientes en Pinar del Río, Camagüey y La Habana. Existen también agencias con alguna especialidad temática como *Lux Info Press* y la *Agencia Sindical Cristiana Independiente*, que dirige Carmelo Díaz Fernández. Estas dos agencias se dedican a informar sobre el mundo laboral y están muy vinculadas al movimiento sindical independiente. Carmelo vive en un departamento en el último piso de un edificio que da al malecón, tiene una impresionante vista al mar y a la ciudad pero, como gran parte de la edificación de La Habana, su vivienda se puede desplomar en cualquier momento pues lleva décadas sin mantenimiento.

Estas agencias envían sus materiales a sitios de Internet dedicados a Cuba, como *Cubanet*, *Nueva Prensa Cubana* o *Cuba Free Press*, a revistas de la disidencia, como *Cartas de Cuba* y *Encuentro*, y a medios extranjeros y radios que transmiten hacia el territorio, en primer lugar a *Radio Martí*, la radio más escuchada en la isla después de las gubernamentales cubanas.

El financiamiento de los medios específicamente dedicados a Cuba está distribuido entre los exiliados cubanos dispersos en varios lugares del mundo y fondos de gobiernos y organizaciones de defensa de los derechos humanos. *Radio Martí* y *Cubanet* están financiados con fondos públicos concedidos por el Congreso de los Estados Unidos, al igual que *Televisión Martí*, cuya señal es eficazmente interferida por la dictadura cubana desde marzo de 1990. Y los periodistas independientes cobran por los artículos que difunden. Por supuesto, el régimen acusa a los periodistas de recibir fondos del "imperio", "la CIA", etcétera, pero ya se sabe por la historia de la disidencia en los países comunistas europeos que el financiamiento público de los Estados Unidos y de importantes países de Europa sostuvo emisoras y publicaciones que desempeñaron un enorme rol en la construcción de un espacio público democrático.

*Radio Martí* debe cumplir por ley los estándares profesionales que se le exigen también a *La Voz de América*, y es sometida a auditorías por parte del gobierno federal, algunas de las cuales han sido críticas y obligaron a mejorar cuestiones específicas. El periodista Raúl Rivero ha declarado muchas veces que él dejaría de enviar información hacia fuera si le dan quince minutos en la radio o en la televisión cubana. Los sindicalistas e intelectuales polacos, Vaclav Havel en Checoeslovaquia, o Andre Sajarov y Elena Broner en Moscú y en su exilio en Gorki, apreciaban las transmisiones radiales de *Radio Europa Libre*, *La Voz de América* o la *BBC* inglesa, su única fuente internacional de información alternativa. Del mismo modo, los cubanos residentes en la isla que tienen receptores consumen con avidez *Radio Martí* o la información que llega por las ondas de la radio pública francesa, inglesa o española. Además, ya es bastante claro en la comunicación internacional que no es lo mismo la gestión de los medios públicos por parte de un estado democrático que por parte de una dictadura. Hoy, en África, emisoras también públicas como la francesa, la inglesa y la española, contribuyen activamente a crear un espacio de expresión democrático en países gobernados por dictaduras.

Isabel Rey Rodríguez, ubicada en el pueblo de Esperanza, en la provincia de Villa Clara, transmite los miércoles.

Para ella es muy difícil comunicarse con *Radio Martí*. Son ellos los que llaman, pues si se pide la llamada desde Cuba la operadora responde que esos números de teléfono están restringidos y no comunica. Firma el cierre de cada nota diciendo: "Desde Villa Clara, Isabel Rey Rodríguez, *Cuba Press*". María Elena hace su envío por fax a La Habana donde Claudia Márquez, directora de la *Agencia Decoro*, lo recibe y reenvía a *Cubanet*. El grupo *Decoro* se reúne todos los martes para editar el material de la agencia y luego lo llevan a la casa de otro periodista independiente, que tiene fax, para enviarlo.

*Radio Martí* también lee las notas que circulan en *Cubanet* y graba los artículos transmitidos telefónicamente por varios periodistas libres de Cuba. Es a través de *Radio Martí*, que comenzó sus transmisiones en 1983, que los cubanos se enteran de la información alternativa, pues es el principal medio de comunicación no oficial que penetra en la isla, a pesar de que está sometida a interferencias en forma permanente. Se escucha mejor en el interior que en La Habana. No todos los periodistas libres están conformes con toda la programación de esa radio, pero todos reconocen su aporte. Hay otras radios que emiten desde el exterior y también se escuchan en la isla, como *Radio Mambi*, *Radio La Poderosa* y *Radio la Cubanísima*.

La sección de intereses de los Estados Unidos comenzó a distribuir pequeñas radios a los disidentes y a los periodistas libres para que ellos repartieran entre sus vecinos y conocidos, y el régimen protestó varias veces. Con esas pequeñas radios de siete bandas se pueden escuchar no sólo las emisoras que trasmiten desde los Estados Unidos sino también las radios públicas de España, Francia, Inglaterra y Holanda, entre las que difunden más noticias sobre Cuba. A través de esas emisoras llega a los habitantes de la isla no sólo información alternativa sobre la realidad cubana, sino también sobre lo que sucede en el mundo. "Fidel Castro dijo que era una guerra electrónica y entonces se quejó a las altas esferas del gobierno estadounidense y ahora están un poco retenidas", recuerda María Elena Alpízar, única periodista independiente en un pequeño pueblo de Cuba. En abril de 2002, también el canciller cubano efectuó declaraciones contra la entrega de esas pequeñas radios.

Desde la cúpula del régimen señalan a los periodistas independientes con la misma terminología fascista que usan con el resto de los disidentes. En la década del noventa surgieron las Brigadas de Respuesta Rápida, con el supuesto propósito de evitar que la represión directa contra los disidentes la realice la policía o las fuerzas armadas. Es "el propio pueblo el que se defiende de sus enemigos" vendría a ser el eslogan. Una de las primeras víctimas del invento paraestatal fue la poetisa María Cruz Varela, a la que le pusieron panfletos en la boca. A la periodista libre Marvin Hernández Monzón, corresponsal de *Cuba Press*, en Palmira, provincia de Cienfuegos, le dedicaron una sesión pública de insultos, y Rivero también ha sido blanco de actos de repudio organizados "espontáneamente". Los llaman gusanos, agentes de la CIA o contrarrevolucionarios, y ese rótulo cumple el mismo rol que la estrella amarilla con los judíos en el régimen nazi. Se pinta la casa maldita o el cuerpo maldito. Y los marcados son las no personas, aquellos a los que hay que "ningunear". A veces es el mismo Fidel Castro quien señala a los enemigos, como cuando leyó una lista por televisión de decenas de nombres de disidentes y periodistas que habían sido invitados a una recepción en la sede diplomática de los Estados Unidos. El periodista Raúl Rivero es uno de los más marcados:

> "Preferiría que me ignoraran, pero a veces se refieren a mí insultándome. Por ejemplo, aquí hay un programa que acaba de cumplir tres años que se llama la 'Mesa Redonda Informativa'; es un programa de descalificación y de confusión donde dan la versión de todo y ahí me han acusado a mí y a algunos otros periodistas

de esto mismo, que nos paga la oficina de intereses americana. Cuando he hablado con oficiales altos de la policía política les he explicado que saben que es falso, porque sino yo no estaría suelto en la calle, ninguno de nosotros que estuviera acusado de cobrar de la embajada americana estaría caminando por la calle. Yo sé que lo necesitan para su propaganda, inventarlo, difamarme delante de mi familia, y uno no puede responder eso, porque eso es también una violación, porque si usted puede decir lo que quiera, denme un espacio para... Entonces esos resúmenes de lo que dicen en la prensa los publica hoy día el diario *Granma*, y también en unos folletos, en unos tabloides que venden por aquí, y en dos o tres oportunidades el presidente se ha referido en tono insultante. Cuando gané una mención en el premio Mary Moors Cabot de la Universidad de Columbia, el mismo presidente dijo que no me iban a dejar salir, que aquí nadie se chupaba el dedo, como si eso fuera un premio para buscar dinero americano ¿no? Y esto en el ámbito académico, porque aparte es un pergamino, no dan dinero. Siempre hay esa obsesión."

La decisión personal de ser libre en una dictadura totalitaria como la cubana provoca el aislamiento social. El día que hablé con la periodista Isabel Rey Rodríguez, ella acababa de hacer una nota donde informaba sobre el hostigamiento que sufría un gomero en la provincia de Villa Clara. Él es miembro de un grupo opositor y tiene licencia para ejercer su trabajo. La policía política lo visitó y lo amenazó con sacarle la licencia, con lo que perdería la forma de ganarse el sustento para sus tres niñas pequeñas. Es probable que las familias que no acompañan ese proceso se quiebren. Los amigos se pierdan. Y hasta los cumpleaños de los hijos pequeños ya no sean iguales. La esposa del periodista Omar Ruiz, de Santa Clara, recuerda algunos cumpleaños de su pequeño de 4 años, donde después de haber hablado con las madres de todos los niños de la cuadra el niño festejó solo. Estuve toda la tarde de un martes reunido con cinco integrantes del grupo

*Decoro* en la casa de Ana Leonor Díaz, veterana periodista oficial que optó por ejercer libremente su profesión al duro precio del casi completo aislamiento familiar y algunos otros costos. Dos meses antes de encontrarla, a Ana la habían detenido durante diez horas. A medida que cada uno de los periodistas de la agencia iba relatando su ruptura se percibía una inmensa dignidad en su opción, pero un gran dolor por la soledad que sufren. Es una soledad personal construida con pequeños, casi insignificantes, actos de la vida cotidiana. José Izquierdo, un joven periodista de Güines, a pocos kilómetros de La Habana, narraba con cierta angustia cómo su pequeño hijo había perdido a su padrino, un amigo suyo de toda la vida, pues éste había suspendido sus visitas por la actitud disidente del padre.

La vida cotidiana se vuelve hostil. Enfrentarse al mundo exterior que oprime implica también aumentar la presión sobre el núcleo íntimo de una persona. Se ponen a prueba sus afectos más cercanos. Una periodista estaba casada con un miembro de la Seguridad del Estado y ese matrimonio naufragó, aunque mantienen todavía el diálogo necesario para guiar la educación de su hija, evitando por supuesto hablar de temas políticos. Daimarelis Pérez, mientras fue la novia del periodista preso Lexter Téllez, perdió su puesto de directora de programas de *Radio Surco*, una emisora oficial local.[2] Otro efecto habitual es que de pronto reaparecen en la vida del disidente amigos y conocidos de la infancia, detrás de los cuales se descubre a veces la mano de la policía política. El disidente somete a su familia a una soledad que abruma, a la carencia alimentaria, a la multiplicación de los problemas en las cuestiones comunes, y esto hace que para muchos de ellos la libertad sea una empresa familiar: marido y mujer, padres e hijos, madre e hijo, entran juntos al desierto. Además, el lugar

---

2. Lionet, Christian, "La información, coto privado del Estado". Informe de misión en Cuba de Reporteros sin Fronteras. 17 de diciembre de 2002.

de trabajo es siempre su propia casa. Su escritorio suele ser la mesa donde comen. Sus archivos están encima de la heladera, en algún mueble del baño o arriba, en la barbacoa[3], y las visitas y las reuniones se realizan en sus hogares.

## ÚLTIMAS NOTICIAS

**FUERTE DISPOSITIVO POLICIAL EN JUICIO DE SAN ANTONIO DE LOS BAÑOS**
**ABRIL 8, 2003**

La Habana, (Víctor Manuel Domínguez, Lux Info Press / www.cubanet.org) - Fuerzas combinadas de la Seguridad del Estado, la Policía Nacional Revolucionaria y miembros de las Brigadas de Respuesta Rápida fueron movilizados el pasado jueves en un área cercana a las cuatro cuadras en torno al tribunal municipal de San Antonio de los Baños, ubicado en la calle 70 entre 23 y 25, en este municipio de provincia La Habana. El operativo, dispuesto para impedir el acceso de la población al juicio contra los periodistas independientes Miguel Galván Gutiérrez y **José Ubaldo Izquierdo** y del sindicalista Héctor Raúl Valle Hernández, estuvo matizado por otras medidas restrictivas que afectaron a la población. El desvío del tránsito de vehículos y peatones, la suspensión de la venta de bebidas alcohólicas, así como la exigencia del uso de uniformes a las enfermeras que asistían a una actividad a desarrollarse cerca del tribunal, llenaron de interrogantes a decenas de pobladores a los que se les dijo que se estaba enjuiciando a los presuntos autores de un hecho de sangre cometido en Alquízar o La Salud. El operativo policial en que participaron alrededor de 150 agentes fue dirigido desde un puesto de mando creado en el inmueble donde funciona un taller, a cuyos trabajadores se les dio el día libre. A este sitio, ubicado en la esquina

---

3. Barbacoa. Las familias subdividen los ambientes de sus casas para generar más lugar para todos frente a la escasez de viviendas. La barbacoa es un nuevo piso que se construye a un metro del techo, en el que suele hacer mucho calor, de allí el nombre.

de 70 y 25, entraban y salían numerosos autos marca Lada de la Seguridad del Estado, patrulleros, motos Susuki y de tránsito, además de ambulancias y otros vehículos en función del proceso. El abogado defensor, doctor Edilberto González Hernández, manifestó a la periodista Dorka Céspedes, de Habana Press, María López, del Centro Nacional de Capacitación Sindical y Laboral, y a este redactor, que no había elementos inculpatorios suficientes para tan largas condenas, y que según su criterio, éstas podían disminuirse de forma considerable, a pesar de que la fiscalía presentó 19 testigos, entre los que se encontraban el matrimonio de Yamilia y Noel Ascanio, quienes se declararon agentes de la Seguridad del Estado infiltrados en las filas de la oposición desde el año 1993. En referencia a los acuerdos, el letrado aseguró: "A estos hombres sólo se les puede juzgar por 'propaganda enemiga', y esa causa contempla no más de cinco años de privación de libertad". El juicio, iniciado a las 10 de la mañana y concluido alrededor de las 8 de la noche del jueves 3 de abril, quedó concluso para sentencia, la cual deberá ser recogida por los familiares de los procesados en un plazo de 48 horas en la sede de la seguridad del estado Villa Marista, y el proceso de apelación podrá realizarse dentro de los tres días hábiles siguientes al fallo del tribunal.

LUX INFO-PRESS
Agencia Cubana Independiente de Información y Prensa
2174 N.W. 24 th Court
Miami, Florida 33142

## 4. Tania, la periodista

El veterano periodista Raúl Rivero dirige *Cuba Press*, la agencia más importante de Cuba, que llegó a tener treinta y cuatro periodistas. Ahora tiene sólo doce porque varios optaron por el exilio, como consecuencia de la represión, y otros se dedicaron a trabajar en forma independiente, sin que eso implique una ruptura. Ricardo González era subdirector de la agencia y ahora preside la *Sociedad Profesional Márquez Sterling*. "Algunos decidimos ser totalmente independientes para poder desarrollar nuestra obra profesional con otras miras. El hecho, por ejemplo, de que no pertenezca a ninguna agencia de prensa me da más facilidad para dirigir la sociedad *Márquez Sterling*, donde se agrupan alrededor de diecisiete agencias de prensa, de estos pequeños grupos. La vida va imponiendo sus leyes y hay que adaptarse rápidamente", dice Ricardo.

Un caso parecido es el de Tania Quintero –la conocí en casa de Rivero–, quien trabajó en *Cuba Press*; ahora trabaja para la revista *Encuentro*. Tania es un nombre incorporado a la mitología revolucionaria. Así llamaban a una argentino-alemana, cuyo nombre real era Tamara Bunke, que murió en Bolivia formando parte de la guerrilla que Ernesto Guevara quiso insertar en ese país. Tania, la periodista, es negra, hija de comunistas convencidos, e hizo su carrera en el periodismo oficial cubano antes de saltar el cerco. Y, como ocurrió con Rivero, también una experiencia en el bloque socialista le dio las primeras señales de malestar con el régimen.

I

"Bueno, déjeme decir que me llamo Tania Quintero Antúnez. Nací el 10 de noviembre de 1942 y estando ya terminando de estudiar la escuela primaria allá por el año 55 o 56 yo era muy activa, participaba en grupos martianos, de la Cruz Roja, en los actos cívicos, etc., y surgió por una profesora hacer un pequeño periódico muy modesto, mimeografiado, muy rudimentario, y entonces yo fui nombrada directora del periódico, siempre en la enseñanza primaria. Después continué estudiando el nivel de enseñanza media, porque yo no terminé los estudios universitarios, yo soy totalmente autodidacta. Siempre tuve muy buenas notas en lo que era español, redacción y ortografía y entonces puedo decir que eso fue mi comienzo o que por ahí estaba mi vocación. Pero luego, yo no me matriculé para estudiar ni siquiera maestra, me matriculé para estudiar la carrera de contador público en la Escuela Profesional de Comercio de La Habana. Ahí estaba yo estudiando cuando triunfó la Revolución en el 59 y como la vida de todos los cubanos, la mía cambió. Dejé los estudios de Comercio y luego no me dediqué a escribir en ningún tipo de periódico ni nada, pero siempre fui bastante aficionada a la lectura, a la vida cultural, a ir a los museos, etc., entonces yo me sumé a un curso de maestros voluntarios en el año 61. Regresé de ese curso, me dediqué a la educación de adultos, de mujeres, antiguas criadas que trabajaban con la burguesía aquí y se habían ido sus dueños y la Revolución creó un plan de superación de las mujeres, lo cual me pareció muy bueno, con campesinas y etcétera."

## II

"Y yo no comienzo oficialmente en el periodismo, sino que en todos esos años trabajé de maestra, de oficinista, de bibliotecaria, de mecanógrafa, en fin, yo no me dediqué al periodismo hasta el año 74. Y fue de una manera muy extraña, por una recomendación psicológica, mire usted. Porque yo tenía una serie de problemas que me tuvieron que operar de la vesícula y entre el chequeo médico me pasé un test psicológico individual y ahí salió que yo no debía seguir trabajando en oficinas ni ese tipo de cosas de horarios rígidos de ocho horas, que yo era una persona creativa, que yo debía dedicarme a la investigación científica o histórica o a relaciones públicas o al periodismo ¿no? Le estoy hablando que yo ya tengo en ese momento 32 años y estaba trabajando en las Fuerzas Armadas, como personal civil, pero trabajaba en la división política de las Fuerzas Armadas, aquí, en la misma Plaza de la Revolución. Entonces yo le dije al médico: 'bueno, estoy de acuerdo pero en la carta póngame que sugiere que yo me vincule al periodismo', porque mi jefe me va a autorizar el traslado, pero no quiero trabajar en historia porque en historia era una cosa totalmente controlada por las Fuerzas Armadas y por el gobierno y yo siempre fui una persona bastante libre pensadora y de opiniones propias toda la vida, a pesar de que aquí en el totalitarismo esto es un poco extraño, pero yo fui siempre así. Y entonces me hizo la carta a mi jefe que había sido una persona que había luchado con mi papá en la clandestinidad, porque yo procedo de familia comunista. Me permitió que saliera de esa oficina de las Fuerzas Armadas para la revista *Verde Olivo*, para que me probaran. Y entonces yo empecé en el periodismo en el año 74 en la revista *Verde Olivo*, trabajando como secretaria del director, pero haciendo pequeñas cosas, pequeñas colaboraciones para la página científico-técnica, algunas traducciones, porque yo de niña había estudiado inglés y hacía algunas pequeñas traducciones, pero eso salía sin mi nombre ¿no? Ese tipo de notas y cosas que hay en las redacciones que no se pone el crédito. Y mi primer trabajo con mi nombre fue una crónica que yo hice a raíz de un mundial de boxeo que hubo en La Habana y yo lo vi por televisión, en casa de un vecino, porque yo ni tenía televisor en mi casa en el año 74, porque yo además debo decirle que soy una mujer mulata pero en mi familia somos algunos negros, otros más claros, pero bueno, somos una familia mestiza pero siempre todo bastante pobre y entonces yo me había impactado mucho con ese mundial de boxeo y entonces escribí. O sea que mi primera crónica periodística apareció en la revista *Verde Olivo*, órgano de las Fuerzas Armadas porque yo todavía pertenecía a la FAR, pero no estaba en las oficinas sino en la redacción de la revista *Verde Olivo* y salió allí y se titulaba 'En las esquinas rojo y azul', porque eran las esquinas de ese combate, y salió una cosa muy rara porque aquí las mujeres tienen muy pocas posibilidades de desempeñarse como cronistas deportivos porque son muy machistas ¿no?"

## III

"Y así fue mi debut periodístico. Pero en la revista *Verde Olivo* no satisfacía mi..., bueno yo ya tenía en mi cabeza el sueño de hacerme periodista, pero tenía que irme de allí porque ya mi experiencia de dos años trabajando con militares había sido desastrosa, yo todo lo discutía, tenía siempre muchas opiniones e iba a ser sancionada. La revista *Verde Olivo* quedaba en los bajos y en los altos quedaba la revista *Bohemia*, es el edificio que siempre fue de la revista *Bohemia* antes del triunfo de la revolución, pero cuando triunfó la revolución los bajos los cogieron para la revista *Verde Olivo* y *Bohemia* quedó en la planta alta. Entonces yo un buen día subí a *Bohemia*, pregunté por el director, que no estaba, pero estaba el subdirector que se llamaba, no sé si vive, Luis Carnejo, y le dije 'mire yo soy fulana de tal, estoy trabajando en *Verde Olivo* pero yo quiero empezar en el periodismo' y me dice: 'bueno pero qué propuesta de trabajo tú tienes de bueno', 'yo tengo esta propuesta de trabajo... –y ahí se me ocurrió en el momento porque no tenía ninguna–, usted sabe que acababa de empezar el experimento este del Poder Popular –le cuento yo al hombre este– en Matanzas, –porque el Poder Popular comenzó a gestarse sólo en el año 74 en la provincia de Matanzas, a unos cien o doscientos kilómetros de la ciudad de La Habana–, la propuesta mía es la siguiente: ser corresponsal viajera entre Matanzas y La Habana y ustedes me dan un carro con un chofer, un fotógrafo y yo me voy a Matanzas, dos o tres días y hago crónicas y reportajes de cómo es ese experimento de ese Poder Popular allí, y lo publicamos en *Bohemia*' y él me dijo 'a bueno, pues perfecto' y así quedamos.

Tania, la periodista 51

A la semana siguiente yo empecé a irme a Matanzas con un fotógrafo y un chofer, un carro y estaba dos, tres días y entonces yo empecé a escribir para *Bohemia* todavía trabajando en *Verde Olivo*. Yo nunca me pasé oficialmente para *Bohemia* porque *Bohemia* no me podía contratar porque yo no tenía título universitario ni nada y ellos tenían su plaza para periodistas titulados, o con un nombre como había algunos que venían de antes del triunfo de la Revolución, etc. *Bohemia* era una de las revistas más viejas de América Latina."

## IV

"En la *Bohemia* que yo comencé a trabajar en el 74, había una serie de libertades hasta que llegó el año 80 que una mujer llamada Marta Harnecker que fue la esposa de Piñeiro[1], chilena, fue teorizante del socialismo y ella vino con una propuesta a Ángel Guerra para hacer una encuesta sobre la prensa: 'El cuarto poder' o algo así, no me acuerdo cómo se llamaba, y entonces ella dirigía y se organizaron una serie de grupos de trabajo para hacer las encuestas y a mí me pusieron en uno pero esa encuesta no pasó del primer trabajo, el primero que pasó le costó el puesto al director de la revista, que fue destituido porque el gobierno no aceptó... Eso le costó el puesto a Ángel Guerra y yo creo que a partir de ese momento, le estoy hablando del año 80, le estoy hablando de un mes o dos antes del éxodo por el Mariel[2], antes de que ocurra lo de la Embajada de Perú[3], o sea

---

1. Manuel Piñeiro, alias "Barbaroja". Fue jefe del Departamento América del Partido Comunista de Cuba. En esa función fue el principal organizador del apoyo cubano a las guerrillas en América Latina. Murió de un paro cardíaco mientras manejaba su auto en La Habana, el 11 de marzo de 1998.
2. Éxodo del Mariel. Se llama así a la emigración ocurrida en 1980 desde el Puerto del Mariel, en la que alrededor de 125 mil personas se fueron de la isla en cuatro meses. En esa misma época, dos millones de personas declararon su deseo de abandonarla después que Fidel Castro anunciara que dejaría salir al que quisiese.
3. En 1980 ingresaron a la Embajada del Perú en La Habana, en menos de cuarenta y ocho horas, alrededor de once mil personas con la intención de salir del país.

que le estoy hablando de un año que ideológicamente la revolución estaba muy mal aunque no lo parecía porque lo del Mariel, 125.000 personas que se van y si no ponen freno se hubieran ido más, y eso fue un mazazo terrible y siempre a nivel cerrado muchos periodistas lo piensan y lo comentan y a partir de ahí la prensa cubana no se recuperó más. Fue importante porque no solamente fue destronado el director de *Bohemia*, Ángel Guerra, sino que también fue destronado el secretario, Orlando Fundora, que estaba al frente del DOR que le llaman aquí, el Departamento de Orientación Revolucionaria que es como se llama la secretaría ideológica del comité central, y también fue destronado por ese reportaje, y Orlando Fundora desde entonces tuvo un tiempo en el plan pijama, o sea en su casa, y después fue nombrado y ahora sigue como presidente del Movimiento Cubano por la Paz. En la redacción, la gente, como siempre la reacción del cubano, se puede decir una palabra que no es muy femenina, 'apendejarse' ¿no? Aquí el cubano coge miedo, habla bajito, aquí y allá en círculos cerrados, no comentar porque la gente siempre está tratando de proteger su salario para mantener a su familia y siempre pensando que el periodista puede tener posibilidades que no tiene la gente, viajar, sino fuera de Cuba, ir a provincias, participar en eventos que ahí se come y se resuelve algo y se conoce algún extranjero y la actitud esa de la mayoría del periodismo cubano es tremendamente cobarde, pero es la reacción de todo nuestro pueblo que es la reacción propia y lógica de todos los regímenes como el nuestro, de callarse, de no denunciar, de no crear problemas, de no hacer nada."

## V

"Ahora mismo yo podría decirle que el pueblo cubano no protesta, la gente en Cuba lo que hace es robar, la vida está carísima, no hay nada, no alcanza el dinero, estas navidades están terribles con unos apagones que ha habido y se avecinan peores. Yo por ejemplo admiro muchísimo a los argentinos, que salen ahí, con los cacerolazos, salen, protestan, aquí nadie hace eso, es una cultura del terror, del miedo. Incluso en el 80 los periodistas lo que hicieron fue tragarse la lengua y amoldarse a las circunstancias. Sé que hay quien piensa y sé que lo han dicho que yo hubiera podido escapar de otra manera y no haberme puesto en una actitud de confrontación con el régimen y haberme buscado todo lo que me he buscado. Hubiera podido subsistir cubriendo cosas de turismo y no sé qué, en fin. Bueno, entonces yo empecé así pero yo iba teniendo mucha idea porque déjeme decirle que yo, a diferencia de muchos periodistas cubanos, no independientes, sino en general, oficiales, siempre estaba por delante de la iniciativa, yo era la que proponía: 'vamos a hacer esto', 'se me ha ocurrido hacer esto', '¿qué le parece hacer...?' Yo nunca he estado sentada esperando los planes temáticos que hace aquí el departamento ideológico del partido: ahora esta semana hay que escribir sobre el 44 aniversario de la revolución, que va a ser el aniversario de Martí y esto y lo otro... no, no. A mí siempre se me ocurrían las cosas y como se me ocurrían las cosas tenía posibilidades de hacer lo que me gustaba porque a mí se me había ocurrido, entonces logré siempre tener contactos y hablar y sobre todo discutir con los políticos aquí. Porque yo provenía de una familia comunista, yo provenía de los medios políticos, mi padre fue guardaespaldas de Blas Roca[4]. Yo me crié con todos los comunistas de niña, yendo a los actos después de la Segunda Guerra Mundial. Entonces yo la cosa esta política siempre la llevé dentro de mí y entonces yo discutía y le escribía a todo el mundo y con los que dirigían la prensa aquí, siempre les decía 'ustedes no les pueden pedir peras al olmo' porque además aquí hay una cosa muy contradictoria, aquí quieren hacer un periodismo militante y creador y el problema es que un periodismo militante no puede ser creador,

---
4. Blas Roca. Veterano dirigente de Partido Comunista de Cuba. Su hijo Vladimiro es un reconocido disidente.

porque se contradice totalmente, o quizás podría ser en Buenos Aires o en Brasil con el PT, y uno puede criticar a Lula, pero es que en Cuba no se puede hacer un periodismo crítico, no se puede criticar el sistema, ni las cosas del partido. Entonces yo siempre estaba planteando eso y siempre decía 'ustedes no les pueden pedir peras al olmo, ustedes quieren que los periodistas hagan esto pero no lo pueden hacer porque siempre vienen los periodistas extranjeros, hacían las grandes entrevistas, los grandes reportajes' pero la diferencia estribaba en que ellos tenían libertad para hacerlo. Entonces empiezo a trabajar en *Bohemia* como periodista ganando 163 pesos, como una plaza de secretaria. Entonces en ese momento yo logro muy buenos trabajos, escribí para la página de historia, hice un serial sobre los alemanes antifascistas en Cuba, porque en todos estos festivales van a investigar y va surgiendo una cosa y ahí investigo sobre los alemanes antifascistas que vinieron a Cuba y tenían un comité."

## VI

"Este trabajo concretamente me valió la invitación de ir a la antigua RDA y estuve allí tres semanas en el año 79 porque el Ministerio de Relaciones Exteriores de la RDA me invitó. Y déjeme decirle que el Ministerio de Relaciones Exteriores de la antigua República Democrática Alemana decía que la periodista más productiva que los había visitado había sido yo, porque yo estuve tres semanas en varias ciudades. Porque yo, solamente de ese viaje, en *Bohemia* nada más publiqué cincuenta páginas que usted puede ir a los archivos de *Bohemia* y contarlas, y además me gané la siguiente coletilla: 'parecía mentira que yo fuera una periodista socialista porque yo allí me había comportado como una capitalista'. Ellos no lo podían entender, porque yo me había comportado allí como yo era aquí, por ejemplo, yo lo único que no publiqué ni una palabra fue de una visita de una fábrica que ellos le llamaban Rosa Luxemburgo, radicada en

Berlín, y yo quería ir a la fábrica a hablar con los obreros y con quien yo quisiera y me recibieron de una manera muy circunspecta, la secretaria del partido y el sindicato y la administración en una oficina con café y galletitas y no sé qué y yo le dije a la señora que me atendía del Ministerio de Relaciones Exteriores que eso no era lo que yo quería y como eso no era lo que yo quería pues yo no iba a publicar nada de eso. También tuve una discusión muy fuerte porque yo me entrevisté con el señor que en ese momento era el presidente del comité de judíos o una asociación de judíos alemanes, le estoy hablando de la RDA, y en la RDA eso no era tema que a ellos les interesara que se hablara de eso ¿no? Pero fui al cementerio de los judíos en Berlín y ellos me dijeron que eso estaba fuera del programa. En la misma *Bohemia* comencé un serial que se llamaba 'En el país de los cochecitos', con una cosa muy novedosa porque escribía de una manera muy amena. Era la primera vez que yo salía de Cuba, y a mí me impacta cuando veo a las madres con niños en los cochecitos y en Cuba en el año 79 encontrar a una mujer con cochecito era como encontrar a un cosmonauta en la calle y entonces yo le titulé al serial de cuatro trabajos 'En el país de los cochecitos', entonces con la gente, cómo vestían, el transporte, la carnicería, salchichas, carnes, quesos. Yo la comparaba con Cuba y enseguida me daba cuenta de que tenía mucho más desarrollo. Yo lo hubiera definido como un semi totalitarismo ¿no? Además yo siempre tiro para lo alto, yo salí de Cuba con una solicitud de entrevista de jóvenes porque era el 30 aniversario de la RDA ¿no? Y entonces no se dio y este señor me dio esa entrevista, y después recibí por correo una entrevista pero ya muy fría del segundo secretario del partido y entonces me entrevisté con aquella gente y ellos tenían la cuestión ideológica tan fuerte, tan fuerte con la Alemania Federal, pero me di cuenta que el mal de fondo era grande en este sistema, pero no tuve una idea más grande hasta que no leí una serie de libros como *La gran estafa*, que ya me abrieron un poco más la entendedera porque eso es como que uno está en el bosque y no ve árboles."

## VII

"En el año 82, oficialmente pasé a la televisión cubana, yo ya tenía 40 años y había quien pensaba que yo a los 40 años no iba a poder asumir la televisión que era otro estilo, que era otro medio totalmente diferente, y entonces yo empecé en la televisión, en el noticiero, de guionista de distintos programas y después el último trabajo mío fue de realizadora o directora de un espacio que se llamaba 'Puntos de Vista', que es hasta hoy el único programa de encuestas en la calle y de debate y opinión bastante polémico que hubo en la televisión cubana y que salió al aire entre 1986 y 1992, 93, aproximadamente. Yo estuve casi cuatro años cobrando mi salario sin trabajar porque no me daban contenido de trabajo porque el hijo mío en el año 91 había sido detenido por la Seguridad del Estado, acusado de propaganda enemiga, la Seguridad del Estado hizo un operativo en mi casa y entró y todo eso y entonces bueno, había pasado a una lista negra, entonces ellos preferían que yo no hiciera nada y que cobrara mi salario para que no hubiera problemas ¿no? Entonces en el año 95 cuando Raúl Rivero crea la agencia de periodismo independiente *Cuba Press* yo ya prácticamente no tenía nada que perder, el salario ese que eran 250 pesos, unos diez dólares al cambio actual, y entonces di el paso este. Yo ya tenía 57 y me faltaban tres años, porque aquí las mujeres se jubilan a los 60, me faltaban tres años para jubilarme y decidí dar ese paso y arriesgarme como hasta ahora a ser periodista independiente y yo tenía mi currículo de trabajo que se inicia en el propio año 59, o sea que yo ahora tendría 44 años de trabajo que se tiraron por la borda porque no me lo han reconocido, no cobro jubilación, no cobro nada, no tengo ningún derecho social, ni sindical, no tengo nada, nada. Entonces aquí estoy, ya llevo siete años en el periodismo independiente, ahora soy realmente independiente, porque hace un año que salí de *Cuba Press* y escribo todo lo que se me ocurre de crítica al sistema y a veces también escribo críticas dentro de la propia disidencia y del propio periodismo independiente, porque es la libertad que uno se ha ganado. Una corresponsal de *The Sun Sentinel*, que es puertorriqueña y tiene 30 años discurría por teléfono, conversaba conmigo que ella no entendía eso que dicen los disidentes aquí que hemos conquistado un espacio y yo le digo 'bueno, mira que hemos conquistado un espacio porque yo he estado detenida, me han hecho actos de repudio frente a mi casa, me han registrado, me han visitado, me han amenazado, me han vigilado, me han cortado el teléfono', pero entonces uno sigue escribiendo y sigue haciendo las cosas y entonces, bueno, pasa el tiempo y ellos lo ven a uno con cierto respeto."

## VIII

"En 1991 mi hijo fue detenido y yo traté de que él se encaminara, y le traté de buscar trabajo incluso en el Comité Central y me ayudaron Aldana[5] personalmente y el presidente del Instituto Cubano de Radio y Televisión en ese momento, Enrique Román, me ayudaron para que mi hijo no fuera enjuiciado y mediaron. Él solamente estuvo dos semanas en Villa Marista, y yo lo que quise fue que él trabajara y se le buscó trabajo por el propio Comité Central del Partido, pero él se presentó a un trabajo de construcción en paralelo y se demoró más en llegar la guagua allá y él retornó enseguida. Y me dijo que 'yo no voy a formar parte del gobierno' y entonces déjeme decirle que él es periodista independiente también como yo. Se llama Iván García Quintero. Escribe para el sitio *Cubaencuentro.com*, escribe sobre deporte y él escribe para la página de la Sociedad Interamericana de Prensa, para *Encuentro* escribe sobre deporte,

---

5. Carlos Aldana. Llegó a ser el número tres del régimen, como jefe ideológico y de relaciones exteriores del Partido Comunista, hasta que fue desplazado abruptamente en septiembre de 1992. Es licenciado en periodismo y dirigió el Departamento de Orientación Revolucionaria del partido, que controla los medios de comunicación. Entre 1975 y 1979 estuvo en Angola como jefe de propaganda de las tropas cubanas. Ahora dirige un balneario de las Fuerzas Armadas Revolucionarias.

pero para la SIP con sede en Miami él escribe de temas político-sociales. El grupo de Raúl Rivero empezó el 23 de septiembre, *Cuba Press*, del 95 y yo oficialmente mandé mi primer trabajo el 12 de octubre. Por la detención de Iván pierdo mi trabajo en la televisión. A él lo detuvieron junto con tres muchachos más del barrio, de esta zona y él estaba en esa andanza y yo realmente no sabía nada, bueno ellos no pudieron probar nada. Probar en la máquina de escribir todo, y aquí no había nada, ellos habían ido por ahí, y pintaban carteles y qué sé yo, yo todavía no sé a ciencia cierta ni qué hacían. Luego a mí en la Seguridad del Estado me interrogaron y me enseñaron una serie de pancartas y yo le dije 'que eso lo haya hecho un muchacho que está con mi hijo puede ser, pero mi hijo no lo hizo, porque mi hijo en primer lugar tiene faltas de ortografía y esa no es su letra, y yo no lo estoy defendiendo, simplemente estoy diciendo la verdad' y bueno ahí él estuvo que no lo enjuiciaron. Fíjese que yo empiezo oficialmente en el periodismo independiente en el 95, en septiembre, octubre y a mí no me expulsan oficialmente hasta el 4 de abril del 96. Ya yo estaba oficialmente porque se dio a conocer por *Radio Martí* y yo hablaba por *Radio Martí*, escribía y todo, o sea septiembre, octubre, noviembre, diciembre, enero y febrero, y ya consulté con un abogado y me dijo 'no, no, tú vas a cobrar, ellos son los que tienen que decirte que no vayas a cobrar más o que va a pasar algo contigo'. Entonces recuerdo que en marzo, a mí ya se me hacía todo muy difícil porque yo hablaba por *Radio Martí*, públicamente disentía y yo iba a cobrar mi salario. Pero el abogado me había dicho que no deje de ir a cobrar, que fueran ellos que me lo quitaban. Eso es todo una historia porque muchas personas, vecinos, amigos, familiares, conocidos que uno cree que eran muy amigos, muy familiares, muy conocidos, muy vecinos de uno vuelven la espalda, pero otros que uno nunca los trataba, que son de más allá, entonces esos vienen y te dan la mano y te dicen esto y lo otro y ahora es un proceso que uno tiene que canalizarlo interiormente ¿no? Porque si uno psíquicamente no está preparado, es muy difícil. Entonces he tenido algunos problemas con algunas amistades mías de muchos años, y hay veces que nos hemos distanciado porque yo nunca pude soportar la hipocresía pero ahora menos ¿no?"

## IX

"Yo me digo periodista simplemente, no me considero oficial ni nada, pero bueno yo desde el punto de vista de que por ejemplo trato de estar siempre muy bien informada de la actualidad mundial y mucha cosa de la disidencia, y entonces voy a casa de las personas que me reciben, que me ayudan, que saben que no tengo un centavo y me lo prestan, me dan un poco de comida, cualquier cosa, entonces esas personas no solamente estaban sensibilizadas con mi caso. La otra cosa que usted no me preguntó pero que también uno tiene que tener es un olfato o una sensibilidad especial para poder alejarse de todos los informantes que hay y a todas las personas, no sólo de la Seguridad del Estado, por eso es que yo decidí estar sola como periodista. Yo tuve que botar a una amiga mía de años de aquí porque al final me di cuenta que la mandaba la Seguridad del Estado para saber cómo era mi casa, cómo vivíamos, qué pasábamos, si comíamos y un día me percaté que esa mujer... Entonces es muy difícil, porque está un grupo que yo sé que aquí va a haber personas que son muy flojas y van a informar y eso, y está bien, uno sabe que dentro de los grupos que hay en Cuba todos están infiltrados por la Seguridad del Estado, ellos no meten espías sólo en Miami y otros países, en Miami que no es su propio territorio cuántos tienen pero que además de eso vengan a mi casa... no, eso no se puede permitir ¿no? Una vez un supuesto novio se le presentó en el trabajo a mi hija y cuando lo trajo un día que era el cumpleaños de mi nieta hace dos años y cuando yo lo vi me di cuenta y le dije: 'mira, tú sigue eso pero aquí en la casa no lo quiero', y siguió eso pero entonces siempre le he dicho 'tú ten cuidado porque esa es la especialidad de ellos y que le hace falta'. [...] La gente me respeta, no se acercarán pero me respetan. Por ejemplo, en el año 97 la Seguridad del Estado pidió a los vecinos que cuando yo pasara escupieran y a mí nadie me hizo eso. Ya mucha gente no tiene miedo pero le falta ese arranque final de valor, al final todavía ellos son muy poderosos y constantemente están haciendo demostraciones de fuerza, y continuamente tienen todo para movilizar a la gente y entonces la gente sospecha mucho y dice 'no, quedarme sin nada y yo no tengo a nadie que me respalde, yo no tengo familia afuera' o 'yo tengo familia afuera pero si me pasa esto...' y luego si a uno lo detienen lo pueden llevar al extremo del país preso y la familia... porque aquí cuando condenan a uno, condenan a la familia ¿no?"

## X

"Yo me comunico anónimamente, así como yo soy, estoy vestida como cualquier mujer de aquí de la calle, sin nada, yo no soy nada, voy en los carros que alquilo de diez pesos, porque no se puede coger el transporte público, y ahí se habla y yo hablo y eso y entonces luego ahí en el carro ese que van depende, en los carros americanos caben hasta ocho personas, pero lo normal es que vayan cuatro o cinco personas y a veces alguien dice: 'no, porque aquí todo el mundo habla pero nadie hace nada, después todo el mundo va a la plaza y todo el mundo va a votar y eso y ese es el problema que nosotros hablamos así en los carros, y en las casas' y cuando alguien dice eso yo le digo 'un momentico, eso serán ustedes, pero yo Tania Quintero Antúnez que nací en la ciudad de La Habana, el 10 de noviembre de 1942, que toda mi familia fue comunista, yo era periodista del gobierno y desde 1995 soy periodista independiente y hablo por *Radio Martí*, por la *BBC*, y con todas las emisoras que me llaman a mi casa y a toda clase de periodistas extranjeros y me llaman del canal 23 y de todas partes, así que eso no va conmigo' y entonces ahí todo el mundo se queda callado. En algunos casos lo he tenido que hacer, y a veces en la carnicería, pero ya en la carnicería en mi barrio ya todo el mundo sabe quién soy y entonces ahí yo les digo 'por favor, ustedes saben quién yo soy' porque se ponen a hablar y yo les digo 'comentarios, no, hacer las cosas como haya que hacerlas pero comentarios no, porque la cosa hay que hacerla de frente y sin miedo, porque ustedes saben quién yo soy' y me doy media vuelta y me voy. Yo estoy normal entre la gente con los oídos y los ojos, aunque soy miope pero lo que puedo ver lo veo, y todo lo que puedo oír lo oigo y entonces, mi nieta dice 'abuela, tú siempre estas hablando con los choferes y la gente en la calle' y yo les digo 'a ti qué te parece y qué tu crees de Fidel' y así voy buscando información ¿no? Tengo una serie de personas amigas que las visito cada cierto tiempo que a su vez tienen gente en el gobierno aquí y allá que viven en lugares céntricos y siempre me están dando informaciones ¿no? Me dicen y yo ando mucho por la calle, aquí por mi barrio y por La Habana, y no es para mi edad pero he estado hasta tarde por la zona céntrica de la Rampa y por eso pude escribir hace poco sobre los travestis porque hacía tiempo que no iba y se da cuenta uno cómo están los travestis que salen de noche y las jineteras y el ambiente ese de los policías, y entonces puedo escribirte todo eso y hablo con los gays y me dicen qué piensan y entonces así pues, y mucha gente también a veces me hacen llegar las informaciones, vienen a mi casa me lo dicen porque la gente tienen miedo por teléfono ¿no? Yo me considero una persona totalmente libre. Mi nieta todavía no sabe estas cosas pero ya las sabrá. Y no tengo ese conflicto interno que tiene la gente, eso de tragar bilis todos los días, esa impotencia de callar y de aguantar y además al final todos queremos cambios pacíficos y no lo que hizo el gobierno de Cuba para llegar al poder, de coger las armas o atacar ningún cuartel. Pero yo tengo la esperanza y estoy segura de que mi nieta podrá disfrutar de otra Cuba, aunque tenga yo que salir para que un día ella regrese, vamos a ver."

## ÚLTIMAS NOTICIAS

**LE PERMITEN UNA BIBLIA A PERIODISTA INDEPENDIENTE ENCARCELADO**
**23/04/2003**

Por Isabel Rodríguez / Cuba Press
Santa Clara, (NPC).- Omar Ruiz Hernández, periodista del grupo de trabajo Decoro, mantiene muy buen estado de ánimo en su encierro en la sede provincial de la policía política en Santa Clara. En declaraciones a Cuba Press, Barbarita, su esposa, dijo haberle llevado una Biblia que le permitieron tener en la celda. Ruiz Hernández fue condenado a 18 años de cárcel en la reciente ola de detenciones llevada a cabo en toda la Isla.

Nueva Prensa Cubana (www.nuevaprensa.org) / Reportó desde Santa Clara, Isabel Rey Rodríguez / Cuba Press

## 5. Un segundo espacio público

Se ha consolidado en Cuba un segundo espacio público, que muchas veces es ilegal, que no es reconocido oficialmente, que no siempre es destruido, pero que siempre es perseguido.[1] Es el espacio público independiente que, aunque está creciendo, aún es un pequeño apéndice del primer espacio público, el oficial. Es este primer espacio público el que es interconectado por los dos canales de televisión, por los diarios y semanarios nacionales, y por los medios de comunicación de cada una de las provincias. Es sólo en el espacio oficial donde hablan los funcionarios, los poderes del gobierno, el poder judicial, las universidades o las escuelas.

El principio de acción que reina en el espacio público oficial de las dictaduras se llama en Cuba "la doble moral", y consiste en que los ciudadanos, como señalaba Solzjenitsin con respecto a la dictadura soviética, dicen lo que no piensan, hacen lo que no creen y realizan otros comportamientos nada sinceros. Es un escenario teatral en un sentido muy literal: está lleno de actores que cumplen roles que suelen no coincidir con su vida real. Parafraseando a la investigadora alemana Elizabeth Noelle Neuman se puede decir que, en las dictaduras, el miedo al aislamiento es la fuerza que pone en marcha la espiral de la mentira.[2]

---

1. La expresión "segundo espacio público" está tomada del húngaro Andras Mate-Toth, "¿Una teología del segundo mundo? Observaciones y retos", publicado en el número 286 de junio de 2000 de la revista *Concilium* (Revista Internacional de Teología), dedicado a analizar la religión en Europa del Este durante y después del comunismo. Se refiere al ámbito en que circulaban los *samizdat* (autoediciones) bajo la dictadura comunista.
2. "El miedo al aislamiento es la fuerza que pone en marcha la espiral del silencio", Elisabeth Noelle Neuman, *La espiral del silencio: opinión pública, nuestra piel social*, Paidós, Barcelona, 1996, p. 23.

El camino para transitar del primero al segundo espacio público es un difícil sendero de ruptura personal. Consiste en desistir de continuar la simulación. Y cada cubano que realiza ese proceso de sinceramiento pasa a engrosar la fila de los que responden a otro principio. El principio de acción que reina en el segundo espacio público es que las personas deben tener libertad para pensar y actuar, y así poder definir sus propios proyectos de vida. Y otra diferencia de este segundo espacio público con el primero es la agenda de temas que lo ocupan. Aquí la cuestión de los derechos humanos es el eje central y, por lo tanto, toda la actividad de la emergente sociedad civil cubana. Además, está presente con una enorme fuerza la vida cotidiana, el esfuerzo diario de los cubanos para lograr los bienes básicos mínimos.

A mediados de 1991, Roberto Casín, jefe de la corresponsalía de la agencia oficial cubana *Prensa Latina* en Ciudad de México, decidió junto a su esposa terminar con su práctica de la doble moral:

> "El drama interno que sacudía las conciencias de mi esposa y la mía era sólo un reflejo minúsculo de la agonía diaria de miles y miles de hombres y mujeres de nuestro país: ocultar los pensamientos para poder sobrevivir, para conservar la familia unida, para no perder el trabajo ni el derecho a permanecer, con decoro, en la tierra que lo vio a uno nacer, porque esa es la regla impuesta por la fuerza en Cuba: quien muestra la más mínima señal de inconformidad con el gobierno es un paria al que todos sus coterráneos deben despreciar y humillar, para poder así salvarse del estigma. [...] La simulación ha alcanzado en Cuba límites insospechados. Fingir es un acto cotidiano que garantiza la sobrevivencia."

Casín no se convirtió en un periodista independiente en Cuba, sino que se exilió:

"Mi esposa me llamó desde un teléfono público. Había llegado la hora cero. Salí de la oficina con mi portafolio y un paraguas. Eran casi las cinco de la tarde del 18 de junio y un torrencial aguacero caía afuera. Magnífico escenario de relámpagos y truenos para hacer inolvidable mi despedida, pensé. Bajé al estacionamiento, tomé el auto y abandoné el edificio como si lo hiciera, entre tantas, una vez más. Lejos estaban de imaginar mis colegas de *Prensa Latina* que ya no me volverían a ver."[3]

En su declaración tras el exilio, Casín se solidarizó con una carta que se había publicado en París firmada por diez intelectuales residentes en la Habana, en la que pedían una apertura política. Entre esos diez estuvo Raúl Rivero. El diario *Granma* había repudiado esa carta con argumentos que tuvieron el tono y el estilo clásico de un provocador callejero, que es la forma que tiene el régimen de referirse a la disidencia, acusándola de corrupción y delincuencia. Unos meses después realicé mi primer viaje a Cuba, y en las oficinas de *Prensa Latina* su entonces presidente Pedro Margolles me dijo: "Casín es un tránsfuga. Hasta el día antes escribía artículos plenamente revolucionarios. Hoy anda vendiendo cacharros en Miami".

Había dos testigos que nos miraban desde un cuadro gigante, y eran dos argentinos, Ernesto Guevara y Jorge Masseti. Probablemente, ninguno hubiera desaprobado el comentario estalinista de Margolles. Masseti viajó a Cuba en 1958 como corresponsal de *Radio El Mundo* para entrevistar a Fidel Castro en la Sierra Maestra, se convirtió en uno de los fundadores de *Prensa Latina* y luego volvió a la Argentina como guerrillero para iniciar un foco rural en el norte, donde finalmente murió. Masseti era "el comandante

---

3. Casín, Roberto, "Renuncia por convicción". En revista *Vuelta*, México, septiembre de 1991, p. 51.

segundo" que se plegaría al "comandante primero" –el *Che*– que iniciaría años más tarde el foco boliviano.

El periodista libre Rivero se enoja cuando escucha hablar de la "doble moral". Señala que es una forma eufemística de referirse a la inmoralidad. Isabel Rey Rodríguez, reportera libre del pueblo de Esperanza, dice:

> "Yo tengo entendido que hay un poco de cobardía en el pueblo. Es duro decirlo pero es la verdad. El cubano se ha acomodado a esto por más que le cueste, y otra cosa que influye es que se piensa que la solución puede venir desde fuera, están esperando que alguien les resuelva el problema sin darse cuenta que el problema es nuestro y que tenemos que resolverlo nosotros. Yo comprendo que a cada persona le han implantado un policía adentro, que ellos mismos se reprimen. El terror es mucho, el miedo es grande, pero yo no me considero una persona superior y ese miedo, que debo sentirlo, lo reprimo, pues así podrían hacerlo todos, pero no sé, se han acomodado a esto de que esto no hay quién lo arregle, no hay quién lo tumbe, y así estamos ya por 44 años y no sé hasta cuándo va a ser esto."

Cuando la visité en su casa, mientras tomábamos café calentado en una cocina a leña, me volví a interesar por el mismo tema:

—**¿La gente de Esperanza te trae información?**
—Sí, sí me traen información.
—**¿No tienen miedo?**
—No, porque el cubano tiene algo particular, cuando, como decimos nosotros, le pisan el callo que les duele se envalentonan y como saben que yo se las doy, vienen. Con lo demás tienen una actitud de cierta reserva conmigo, pero se portan bien, en general se portan bien.
—**¿Con tus vecinos cómo es la relación?**
—Me llevo bien, con mis vecinos me llevo bien.

—¿La gente de Esperanza escucha *Radio Martí*?
—Sí, cómo no, se escucha sobre todo de noche, escuchan mis notas.
—¿Y te hacen comentarios?
—Sí, me hacen comentarios, para ellos soy casi como una heroína y yo no digo nada. Y miedo sí tengo, igualito que ustedes, miedo, pero me lo aguanto, cuando estoy aquí sentada tiemblo pero me lo aguanto y no me caigo, que es muy importante.
—**O sea que la mayoría del pueblo Esperanza piensa como vos.**
—Piensa como yo, sin lugar a dudas.
—**¿Y por qué no habla como vos?**
—Ah... ese es el gran problema de Cuba, eso es algo que no sé, es el miedo ese que han implantado en cada ser humano, miedo a perder la basura que tienen porque en realidad los trabajos... el sueldo que devengan no compensa para nada las necesidades de la casa, pero tienen miedo a perder o que el hijo pierda la beca o señalarse porque repercute en el hijo que es médico o que es profesor de la universidad, entonces algunos hablan en voz baja y todo el mundo está esperando que les vengan a sacar las castañas del fuego, que es otro de los grandes problemas.

Hablando por teléfono a Pinar del Río le pregunté lo mismo a Víctor Arroyo:

"No le queda más remedio al ciudadano que mantener esa doble moral, pero nunca el cubano se ha doblegado totalmente ante las insistencias políticas del régimen. La prueba está en que cada día el régimen tiene menos productividad, en que cada día el régimen tiene menos confidentes. Yo no puedo hablarle de números porque para eso tendría que hablarle de información estadística y como usted sabe es muy difícil, sencilla y llanamente, tenerla. Pero yo le puedo decir que yo camino, y como yo, cientos de opositores, miles de opositores en Cuba, opositores públicos, caminamos por las calles con una tremenda tranquilidad, pero además en nuestro trasiego por esas calles recibimos dos cosas: una el afecto de nuestro pueblo, y dos, nos entregan información, que muchas veces es callada y muchas veces debemos ir a las casas con discreción pero nos la entregan. O sea, si usted ha leído mis artículos se dará cuenta que son artículos del pueblo, o sea, los artículos académicos los podría realizar desde el buró de mi oficina que tampoco tengo, estos artículos son de calle, son entregados por los ciudadanos, que si hubo un problema en un hospital, que si hubo un problema en un centro de trabajo, sencillamente todo eso nos lo da el pueblo. Entonces nosotros hoy no estamos en la misma situación que en el año 92, hoy tenemos una base social muy superior. La tenemos porque en primer lugar tenemos un Proyecto Varela, refrendado por más de 30 mil cubanos, de los cuales se entregaron 11 mil firmas pero hay miles y miles de firmas nuevas. Tenemos una organización como Todos Unidos, que reúne a más de 168 organizaciones a lo largo y ancho del país, pero además el régimen cada día acrecienta su represión, su represión contra elementos no que vienen de Estados Unidos, no que desembarcan, sino contra el propio pueblo, y se está inclinando la balanza hacia nuestro lado. Puedo decirle que muchos ciudadanos nos dicen 'la fuente soy yo' y nosotros lo ponemos. Nuestro periodismo tiene sus características, sencilla y llanamente, no siempre podemos citar las fuentes, pero cada día se va haciendo más abundante la forma de citar la fuente. La gente está perdiendo el miedo y se dispone a dar a la luz la realidad. Claro que con todo esto hay algo, y es que, por eso le repito algo que le dije hace breves momentos, la veracidad de nuestro trabajo hace que la gente se despoje del miedo y por lo tanto nos diga 'yo no tengo nada que temer, no tengo nada que perder'. Aquel señor que fue expulsado de su trabajo por una componenda administrativa, sencilla y llanamente este señor está dispuesto y puede ser él, puede ser la familia. Ahora estamos tratando el caso de un profesional de la salud que murió y que sencillamente la fami-

## Un segundo espacio público | 69

lia se acercó a nosotros porque esta persona no tenía la atención médica, no tuvo la alimentación adecuada y entonces la misma familia nos citó y ahí es que fuimos nosotros los que lo dijimos. Hay represión, indiscutiblemente el régimen la acrecienta, pero hay mayor decisión del ciudadano a participar y a criticar públicamente lo que está pasando en el país. Pienso que ya la persona viene directamente al periodismo independiente. Rara vez pasa primero por la oficina pública y después llega a nosotros. Le puedo poner de ejemplo un dato oficial. En el año que acaba de terminar, en los diez primeros meses, aquí, en esta provincia, se encontraron más de 19 mil violaciones en cuestiones de comercio, o sea robos, maltratos y demás, pero el gobierno solamente recibió 25 quejas. Nosotros recibimos, yo personalmente recibí, cientos de quejas, o sea que las personas creen más en mí que en las oficinas del gobierno."

Ese segundo espacio público se construye como un duplicado del primero. El régimen se está desmontando del mismo modo en que se construyó. La construcción del régimen totalitario, como señaló Arendt, es un proceso de duplicación primero y de reemplazo después de toda organización social. Ahora, para democratizar, se está duplicando otra vez la sociedad. Donde había un solo partido, ahora hay una clase política alternativa al régimen agrupada en numerosos partidos; donde había abogados oficiales ahora hay abogados independientes. Y así ocurre con los médicos, los maestros, los sindicalistas, los campesinos, las bibliotecas o los periodistas. Incluso a fines de 2002 se realizaron los primeros juegos deportivos de la oposición pacífica. El campeonato de dominó se realizó sin trabas, pero en el esperado juego de pelota se iban a enfrentar el equipo Libertad contra el equipo Democracia, y a estos últimos la policía política los retuvo en sus municipios de origen y sólo llegaron once jugadores. Días después, sin anuncio previo, lograron reunir a los veinticinco jugadores y empezaron el partido. Unos momentos antes de que llegara el administrador para echarlos por no estar autorizados a usar el campo deportivo, había ganado Libertad con veinte carreras, contra sólo diez que logró Democracia.[4]

Como espejo de la organización social que la dictadura construyó durante cuatro décadas, desde hace una década está surgiendo una organización social alternativa. Por eso la nueva sociedad civil será genuina y duradera en la medida que agrupe a todos los sectores que la componen. Dice Arendt que esa técnica "demostró ser extremadamente fructífera en la tarea de minar activamente las instituciones existentes" y en la "descomposición del *status quo*".[5] Si Arendt viviera podría ver cómo la técnica de la duplicación también es efectiva para democratizar la sociedad.

En rigor, lo que está ocurriendo es el surgimiento de un triplicado de organización social de la nación cubana. Pues el primer duplicado fue el exilio. Allí, especialmente en Miami pero también en otras ciudades como Madrid, se construyó desde 1959 una constelación de organizaciones que asumían la representación de la nación cubana. Fue recién durante la década de los ochenta cuando comenzó a ser posible en el territorio de la isla una nueva organización social alternativa a la oficial. En el caso de los periodistas independientes, muchos se sienten diferentes del periodismo oficial, pero también del periodismo cubano del exilio. Según Raúl Rivero, muchos de ellos han perdido la sensibilidad de lo que ocurre y también por eso es necesario capacitar al periodismo independiente existente en la isla. Rivero considera que no sería bueno que, cuando se abran las compuertas de la democracia, sean los exiliados los que lideren al nuevo periodismo cubano.

---

4. Rivero, Raúl. "Hombre en tercera". *El Nuevo Herald*, 15 de enero de 2003.
5. Arendt, Hannah, op. cit., p. 459.

## ÚLTIMAS NOTICIAS

**CONDENADO A VEINTE AÑOS EL PERIODISTA PABLO PACHECO**
**09/04/2003**

Por Isabel Rey Rodríguez / Cuba Press
Santa Clara, (NPC).- El tribunal popular provincial de Ciego de Ávila, condenó al periodista independiente Pablo Pacheco Ávila, a 20 años de cárcel este viernes 4 de abril. La petición inicial de la fiscalía era de 22 años, al tener como agravante una sanción anterior de reclusión domiciliaria por otros "delitos" políticos "contra la seguridad del Estado", dijo a Cuba Press su esposa. La joven expuso cómo la defensa alegó el tiempo transcurrido desde esa condena, más de diez años, como un antecedente. Según concluyó la Dra. García de Pacheco, el colega mantiene muy buen estado anímico y después que se entreviste con su abogado defensor, determinará apelar o no, la decisión de los jueces.

Nueva Prensa Cubana (www.nuevaprensa.org) / Reportó desde Santa Clara, Isabel Rey Rodríguez / Cuba Press

## 6. Rupturas

Asumir la disidencia es un proceso personal tan penoso como liberador. Primero se necesita el heroísmo de la inteligencia para ver el bosque, a pesar de la abrumadora presión, pues la educación, la cultura y los medios oficiales proponen un solo mundo posible, cerrado, hermético, y más allá está el abismo. Segundo, se necesita el heroísmo de la voluntad para tener el valor suficiente para superar el miedo a la coherencia. Es por eso que, en general, estos periodistas han llegado a su ruptura un poco por voluntad propia y otro poco empujados por alguna circunstancia especial que les tocó vivir. Dice Isabel Rey Rodríguez, periodista de la provincia de Villa Clara:

"La oposición en Cuba, los periodistas independientes, todos nosotros, todos lo que estamos en este otro mundo pasamos mucho trabajo porque las ayudas son muy escasas, muy insuficientes. Hay personas que tienen que fabricar dulces, venderlos bajo presión, hacer croquetas, estar a expensas de que te pongan una multa. O sea que a través de la parte económica tú no puedes convencer a nadie, porque saben cómo uno vive, de la forma en que uno vive. Pero la persona se cansa, la persona... lo que más sucede es cuando, como decimos los cubanos, les pisan el cayo, ¿me entiende? Por otros motivos ajenos al político sufren un descalabro, pierden todo lo que tienen y entonces se dan cuenta de la naturaleza del sistema, que todos aquellos servicios que prestaron, toda la labor que hicieron en aquel momento ya se borró y nada más queda, perdura y se conoce el error que hayas cometido, entonces se dan cuenta y vienen a ti. Bueno, también están los de conciencia pero es que bueno, yo me digo una cosa, a estas alturas de la vida, el que no se haya dado cuenta del error es porque es ciego, totalmente."

Otra grieta en la pared

**La ruptura de Raúl Rivero**

El periodista libre más conocido de Cuba tuvo una especie de diálogo burocrático con los funcionarios del régimen que duró varios años. Durante ese tiempo fue madurando la profundidad de su ruptura.

**I**

"Tuve un conflicto con un alto funcionario de aquí de cultura, el viceministro, y ni Nicolás Guillén me pudo salvar, es decir, me botaron, me expulsaron de ese trabajo y en esos mismos momentos, esos mismos choques con esos funcionarios tenían que ver con el germen de que me estaban molestando muchas cosas pero primero me lo callaba porque lo primero que pasa, y esto es mi experiencia y he hablado con muchos amigos que han pasado por esto, algunos están en el exterior y algunos están aquí todavía, lo primero que uno se niega a aceptar es que esto es un desastre porque es reconocer que tu juventud la has perdido, que has perdido tus años defendiendo una causa que no era lo que era, que has perdido amigos, que has perdido parte de tu vida, sino tu vida. Y hay un mecanismo interno ahí que te hace rechazar y que empieza a justificarlo todo. A uno mismo, porque se ha pasado la vida entera en eso ¿no? Y se han mantenido discusiones enteras con amigos y se han perdido amistades por defender estas ideas, y pasa algo dramático que es aceptar que todo estaba equivocado y hay como otro yo ahí que se niega a aceptar que era así en esta etapa. Pero bueno, al salir yo de la Unión de Escritores, como lo único que podía ser yo era o ser chofer o ser periodista que eran los dos oficios que sé, no soy carpintero ni nada y dije entonces bueno, voy a manejar un carro, que era lo que hacía mi padre, o si me dan algún trabajo. [...] Entonces me mandaron de vuelta a la revista *Cuba*, donde yo había empezado de muy joven, como redactor otra vez a hacer algunos reportajes también celebrativos, elogiar el desarrollo económico, etc., dos o tres reportajes al mes. Y luego volví a *Prensa Latina* pero como ya había tenido ese problema allí en mi breve estancia como funcionario, se crea aquí como que un fantasma te persigue, como un hombre conflictivo. Por ejemplo, yo sabía que no me iban a mandar más de corresponsal, ni yo tampoco quería, pero salir de viaje para aquí, para las personas es casi como saludar a Dios."

## II

"Dije públicamente que no me iban a dejar viajar y siempre estaba como ocho horas simplemente copiando cables de otras agencias porque en los lugares donde la agencia no tenía corresponsal, y en muchos lugares no había corresponsal, pues se cogía a la competencia y se le daba la óptica de aquí de Cuba, a los cables, a la información que daban las otras agencias. Se reescribían con la óptica cubana ¿no?, a partir de los elementos de los corresponsales que también estaban allí, y en algunos lugares se hacían seudónimos de personas que supuestamente estaban. Después estuve ahí en una redacción que se llamaba Redacción Alterna que era yo solo que hacía cables de los países que importaban menos en ese momento ¿no? Los cables que nadie quería hacer, como una especie de basurero de la redacción ¿no? Y de allí entonces como tenía ese clima me fui a un periódico provincial que se llama *Tribuna de La Habana*, que existe todavía, que es el periódico del Partido de la provincia de La Habana, porque el director era de mi curso, se había graduado conmigo y le pedí que me llevara para allá, para salirme de esa pesadilla y también que me sentía presionado. Entonces me pasé de *Prensa Latina* al periódico provincial *Tribuna de La Habana*, donde simplemente, porque el director era mi amigo y era quien hizo la gestión, trabajaba más tranquilo porque iba por la tarde, porque la sección Internacionales tenía un cuarto de página que era muy fácil porque no era dar opinión sino informar y había instrucciones de los temas a tratar. Por ejemplo, recuerdo que en esa época siempre había que coger cables de Nicaragua, del lado favorable al sandinismo y tú hacías una selección de cables, los titulabas y puntuabas los cables que venían por el teletipo, sin acento y a veces sin puntuación, se le ponían las comas y las mayúsculas a los cables y simplemente se mandaba para el taller y hacía esa página diaria. Las autoridades aquí siempre han sido muy cuidadosas con los medios y ante la más mínima sospecha de disidencia o incluso de confusión te sacaban. Y también de este periódico sacaron a este señor que era mi amigo y vino una señora que era del Partido a dirigir eso, que no sabía periodismo pero no quería que nadie lo supiera entonces dijo que no quería ningún periodista viejo y como yo era un periodista viejo y no quería ninguno yo me fui. Escribí también guiones para documentales y eso, pero en definitiva volví a la Unión de Escritores pero esta vez ya como redactor de una revista. Hay una revista que se llama la *Revista Unión de Escritores*, y es una redacción donde hay un grupo de gente allí de escritores y eso más bien simbólica porque bueno, una revista que sale cuatro veces al año, que se hace normalmente con colaboraciones, poemas y textos de escritores es muy poco lo que hay que hacer. Y allí estuve los últimos tiempos hasta el ochenta y tanto, vegetando allí, y estaba escribiendo en mi casa también. Y ahí en ese momento comienzo una etapa en que ya estaba convencido de que todo era un fracaso y que era mentira."

## III

"Me pasaba lo mismo también con la literatura, sabía lo que tenía que escribir y eso me molestaba. Tenía que escribir poemas, y yo sabía lo que tenía que decir y quería escribir otras cosas y no podía, porque después de ese temor a aceptar la verdad había otro valladar que me parece más importante y más terrible que es el miedo. Porque ya uno sabe que es todo fracaso y que es mentira lo que están diciendo y que los cambios no se producen porque la gente quiere mantenerse en el poder, el mismo grupo quiere mantenerse en el poder, pero no en el poder sino en el poder absoluto y no hay espacio para más nada, y cuando uno sabe todo eso, sabe todo, entonces pasa lo otro más terrible que es que uno tiene miedo a decir eso porque sabe qué es lo que le puede pasar porque sabíamos el caso Padilla, otros miles de casos ¿no? El inicio del periodismo independiente, es decir, la explosión, se produce en el año 95, porque en este caso que yo le estoy narrando hay muchas personas que después hablamos, porque también uno tiene en estas sociedades miedo de hablar hasta con un hermano de uno. Y entonces había mucha gente que estaba en el proceso ese pero cada uno en solitario ¿no? Cada uno en su propia casa, en su cama y en su almohada, y ya después del caso de Ochoa[1], en el 89, se produjo todo eso de la caída del campo socialista y que aquí había la cosa voluntariosa de no hacer cambios y mantenernos encerrados en las líneas más dogmáticas. Ya entonces algunas personas empezaron a hablar y a decir 'yo pienso esto' con un amigo ¿no?, con otros escritores, y empezaron a surgir los primeros brotes del periodismo. Por ejemplo le puedo decir que en 92 ya nosotros, cuatro personas, hicimos una cosa que se llamaba el Club de Periodistas de La Habana que era gente toda que venía del periodismo oficial: José Rivero García que está en Miami, Bernardo Márquez Rabelo que está en Miami y Fernando Velásquez Medina que está en Nueva York haciendo un periódico que se llama *Hoy*, y su esposa. Todos habíamos hecho periodismo oficial y empezamos a hacer ese club para tratar de conseguir dónde publicar afuera porque sabíamos que aquí era imposible."

---

1. Caso Ochoa. El general Arnaldo Ochoa fue fusilado el 13 de julio de 1989, junto a tres militares más. Ochoa había recibido la máxima condecoración cubana, Héroe de la Revolución, y fue acusado por el régimen de hacer negocios turbios por su cuenta.

## IV

"En junio del 91, diez escritores y periodistas cubanos firmamos un documento público y lo pudimos sacar de Cuba, que después se llamó La Carta de los Diez. Con cinco puntos que pedimos cambios, pedimos libertad para los presos políticos, elecciones libres, etc. Lo sacamos porque vino una persona, un viajero lo sacó a París y en París se publicó. Después ya se publicó en muchos lugares y eso desató entre nosotros un rechazo muy grande del gobierno, fueron ataques muy duros, pero se publicó en el periódico sin decir nuestros nombres, sino que decía 'un grupo de escritores...'. Y ya empezó ahí la descalificación de delincuentes, drogadictos, homosexuales, y toda esa cosa. Y realmente entre la gente que firmó había tres personas que habían ganado el Premio Nacional de Literatura, María Elena Cruz Varela, la poetisa que está en Puerto Rico, Manuel Díaz Martínez que está ahora en Canarias. Firmamos esa carta y me parece que fue como un golpe en la puerta de mucha gente porque era un documento bastante ingenuo y de bajo perfil, pero bueno, al fin se hizo eso, se firmó y se pidió cambios, y de los diez que firmamos tres fueron a la cárcel, porque habían hecho un movimiento político que se llamaba Criterio Alternativo.[2] Yo nunca estuve en ningún partido, ni en el comunista ni eso, ni después de todos estos años estuve ni he estado en ningún partido, yo solamente me dedico al periodismo y yo dije que iba a firmar el documento pero a título personal, como escritor y periodista. Y ellos fueron apresados y estuvieron presos dos y tres años."

---

2. Rivero fue uno de los diez firmantes de la Declaración de Intelectuales Cubanos, difundida el 31 de mayo de 1991. El diario *Granma* respondió rápido: "La cosecha fue pobre: apenas algún confundido, algún ingenuo que no sabía que estaba siendo manipulado, y dos o tres alcohólicos, cuya degradación moral es notoria", (edición del 15 de junio de 1991).

## V

"Y entonces en el 95 se produce el gran momento, por una cosa, porque ya estaban todos los grupos aquí en ebullición pero hay un factor muy importante que casi nunca se evalúa y que no es muy político, por lo menos no es directamente político, sólo tangencialmente, que es que en 95 se produce el enlace de Cuba al satélite telefónico. Es decir que hasta ese momento para hacer una llamada al exterior había que hacer una fila de horas, de días para hablar con familiares en Miami, o alguien en Argentina o en Francia o donde fuera. Y entonces al producirse el enlace telefónico de Cuba por el satélite se abren las llamadas y la gente empieza a poder llamar a las emisoras en Estados Unidos, a *Radio Francia*, y fíjese que en el 95 yo mismo fundé *Cuba Press*, y se fundó *Habana Press* mismo porque se empezó a tener apoyo de los grupos del exterior, de España y de Miami. Ya en 1989 Néstor Baguer había creado una pequeña agencia que es la *APIC (Asociación de Periodistas Independientes de Cuba)*. Eran tres o cuatro personas que después fueron a la cárcel, pero era la primera vez que se hizo. Yo renuncié mediante una carta privada a la dirección de la UNEAC a mi cargo como redactor y me convertí en mendigo oficial y también borracho porque bebía muchísimo pero, bueno, me dediqué primero a vender las cosas que tenía, primero ropa, algún reloj y cositas así y después yo tenía un automóvil que había comprado, un automóvil soviético que aquí tu compras, no puedes venderlo, aunque es tuyo no lo puedes vender, nada más se lo puedes vender al Estado, vendérselo a otro es un delito pero yo se lo vendí a otro particular y compré un coche con caballo con ese dinero, y un primo mío que manejaba el coche, lo alquilaba y con eso estuve viviendo un tiempo con mi familia. Yo tengo dos hijas y mi madre y mi mujer que viven conmigo. Mi hija mayor ya salió de Cuba pero tengo aquí otra hija pequeña y otra niña que es mi ahijada que vive conmigo también."

## VI

"Le decía que era muy difícil colocar un artículo. No había cómo sacar los artículos. Los primeros artículos que yo publiqué por ejemplo en España a través de *Firma Express*, los mandé con viajeros. No había fax, no había teléfono, le estoy hablando del año 90, 91, y entonces esta gente de *Firma Express* cuando venía alguien yo se lo mandaba y me lo pagaban cuando venía alguien. Enseguida empezaron las amenazas y las presiones también. Aunque yo no fui preso, es decir, no fui condenado, yo por ejemplo recibía amenazas de que si salía me iban a golpear, bueno, ese tipo de... Después me arrestaron un día para hablar conmigo de eso, cuando ya fundé la agencia, y me advirtieron que me iba a ir a la cárcel diez años y todo eso. Y también, que es lo que se ha mantenido todo el tiempo conmigo, es que me vaya, es decir, lo que siempre me ha dicho la policía política cuando me han arrestado, o aunque no me hayan arrestado, por ejemplo conversaciones que he tenido con ellos sin estar preso, fueron para decirme que me vaya. No me han dejado salir en quince años. Yo todos los años presento, ahora mismo estoy presentando una solicitud de permiso, porque quiero ver a mi hija mayor que hace ocho años que no la veo. Entonces siempre que ella me ha invitado, por ejemplo salió un libro mío ahora en México de poesías y no pude ir. Salió un libro mío en Francia y otro en España de poesías y no he podido salir. Yo sí salgo cuando me den el permiso de entrada y salida, sino yo no salgo, pero nunca me han dado ninguno, porque yo todos los años solicito dos y tres veces porque he tenido invitaciones, siempre tengo invitaciones."

## VII

"Yo gané el premio de *Reporteros Sin Fronteras* en el 97 y no me dejaron ir a conseguirlo, me han invitado de la Sociedad Interamericana de Prensa, varios periódicos y también amigos me han hecho invitaciones personales, como un amigo mío español me invitó, vino aquí e hicimos los trámites para que fuera a su casa a pasarme un mes, diez días, lo que quisiera y nada, no me dan, 'no está autorizado, tiene limitación de viaje', 'pero quién da esto, quién da esta limitación', 'no, no, no se sabe, el alto mando'. En ese plano también mantuvieron a mi esposa, que su hijo de un anterior matrimonio está en Estados Unidos que estuvieron tres años sin dejarla salir a ver al hijo, ahora este año la dejaron ir. Fue y vino. Vino hace un mes y medio porque ella en el 98 la habían dejado ir y ella volvió, le dan once meses, pero ella siempre vuelve a los tres meses, por ahí ¿no? También yo pienso que en algún momento le dieron el permiso con la esperanza de que se quedara ¿no? Porque aquí realmente hay como una especie de pasión por irse, mucha gente está tratando de salir y entonces es muy extraño. Cuando yo fui a las primeras entrevistas con la gente de migración, con las personas, la muchacha que me entrevistó siempre estaba sospechando que yo me fuera a quedar. Yo iba a ir a Costa Rica a una reunión y empezó a preguntarme, algo así como que yo me fuera a quedar. Y después cuando me negaron la salida yo les pedí entrevistarme con ella y le dije, le expliqué que yo sé que muchos cubanos se están queriendo ir, pero yo me quiero quedar, que a veces es más difícil quedarse que irse. Sí, sí, yo quiero quedarme porque yo creo que en principio es mi derecho vivir aquí que es donde yo nací, mi bisabuelo luchó contra España, era capitán del ejército libertador. Aquí han enterrado a mis abuelos. Este es mi país."

## La ruptura de Arroyo

La vida para un disidente puede convertirse en una sucesión de encierros carcelarios. Pero en muchos casos eso sólo ratifica sus convicciones.

# I

"Nunca soñé con ser periodista. Yo soy graduado en Geografía y especialista en lo que es la planificación regional. Me impactó toda una serie de problemas, yo ya era opositor, estoy hablando de los años 90, principios de los años 90, y regreso en horas de la tarde a mi casa y no sé, me senté e hice mi primer escrito que lo envío al exterior y se publica en el periódico *El Nuevo Herald* y entonces nada, a partir de ahí empecé a hacer nuevos escritos y comencé a involucrarme lentamente en esto. Yo trabajaba en una empresa de proyectos a nivel provincial acá y era planificador regional, o sea la persona que se encarga de estudiar el territorio para diseñarlo económicamente y en todo esto cae la contradicción, o sea, la cantidad de errores económicos, el voluntarismo oficial y todo esto me va creando situación dentro de mi propio trabajo hasta que en un momento se me desplaza de mi puesto de trabajo como proyectista principal de un grupo agropecuario y se me envía a hacer inspecciones urbanas por la calle. Se me tilda de 'no confiable' debido a una cláusula de mi contrato laboral que estaba allí pero que ciertamente nunca había leído y de verdad que nunca me había preocupado de leerla y entonces se me separa de mi puesto de trabajo por 'no confiable' para el régimen. Es una cláusula que dice que debido a la actividad que se realiza, textualmente no se la puedo decir, pero más o menos decía que debido a la actividad que se realiza en este centro de trabajo donde yo laboraba que era la Dirección Provincial de Planificación Física de Pinar del Río, estaba obligado a ser revolucionario o de lo contrario se perdería la confianza conmigo, o sea que era un organismo en la administración central del Estado en que se manipula toda una cantidad de información de carácter económico pero que el régimen considera confidencial y por lo tanto la persona que no es adicta al régimen no puede estar trabajando ahí."

## II

"Generalmente a nivel de provincia se me entregaba la realización de toda una serie de proyectos fundamentalmente agropecuarios, estoy hablando de industria azucarera, ganadería, cultivos varios, tabacos y etc., y en determinado momento técnicamente se debía aconsejar una solución a estos proyectos, sin embargo, figuras políticas, fundamentalmente del partido gobernante, imponían su criterio y meses después o años después veíamos cómo estos proyectos fracasaban por no haberse cumplido lo que técnicamente se expresaba. Esto me originó discrepancias con la alta jerarquía del partido aquí en la provincia y sencillamente se me dio, con un proyecto en el que estuve trabajando que nunca se llegó a edificar pero sin embargo se gastaron millones y millones de dólares en toda la etapa inicial por un voluntarismo, estoy hablando de los proyectos citrícolas, de proyectos ganaderos y que sencillamente el régimen, funcionarios del régimen, copiando la alta nomenclatura, no aceptaban los criterios técnicos e iban a un voluntarismo, y esto daba traste con la parte técnica y hacía ruido a la economía. Ahí empiezan las contradicciones que dan al traste con mi expulsión del centro de trabajo. Entonces me fui hacia la agricultura, empecé a trabajar en agricultura con algunos familiares. Y me empecé a acercar a la oposición. En 1994 escribí mi primer artículo. Porque las agencias comienzan en el 95, en Cuba ¿no? Sí, las agencias empiezan en el 95, pero bueno le estoy hablando de que yo escribía pequeñas notas, y nosotros lo que hacíamos era dar denuncias, denuncias de violaciones de los derechos humanos, hacíamos algunas crónicas que salían por estaciones, fundamentalmente era para la radio en aquel momento, y rara vez se daba un caso de la publicación en la prensa plana. Nosotros lo que buscábamos en aquel momento era transmitir hacia Estados Unidos, hacia la oposición cubana residente en Estados Unidos, y entonces rebotaba hacia fuera por *Radio Martí* o alguna otra emisora que buscaba divulgar la realidad cubana. En aquel momento teníamos

*La Voz de la Fundación*, teníamos *Radio Caimán*, algunas ya han desaparecido por factores económicos pero en aquellos años noventa y pico eran bastantes las emisoras que daban noticias hacia Cuba. Puede que haya sido de Miami, pero algunos transmitían desde Centroamérica, algunas del Caribe, tenían sus transmisiones y demás. Generalmente sus estudios estaban todos en Miami. Yo empecé a trabajar en 1998 en la Unión de Periodistas y Escritores Cubanos Independientes (UPECI), cuando tuve mi primera excarcelación."

## III

"Yo caí preso en el año 96 y estuve preso hasta el 98, en mi primera prisión política. La segunda fue en el año 2000 por un problema que casualmente un día como hoy yo estaba detenido, no, en realidad un día como mañana porque fue a raíz del día de Reyes Magos y yo estaba repartiendo juguetes acá en la ciudad de Pinar del Río y me acusaron de actividad económica ilícita y me encarcelaron por seis meses en una prisión. Tuve que cumplir toda la sentencia pues nunca he pensado en plegarme a los designios del régimen por obtener mi libertad. En 1996 mi delito fue desacato y atentado a supuestos oficiales de Seguridad del Estado que en realidad habían sido los que me atacaron a mí, pero todo fue manipulado durante el juicio y me condenaron a un año y nueve meses de prisión. Ese episodio fue bastante triste. En aquella época había una actividad política muy fuerte por parte de nosotros que estábamos organizando o reorganizando lo más posible la oposición aquí en Pinar del Río y estábamos a raíz de lo que había sido una actividad política muy importante para la oposición en Cuba, que había sido por el exilio cubano, y entonces el régimen estaba llevando a cabo una serie de constante provocaciones a activistas políticos, y yo me encontraba con mis dos hijas en su escuela, porque una de ellas tenía que rendir un examen y entonces fui provocado por dos agentes de la seguridad que faltaron el respeto, hicieron actos obscenos y todo esto y entonces nos fuimos a las manos. Ellos me golpearon, entre los dos, y se dieron a la fuga. Veintitrés días después, se dicta una orden de arresto contra mi persona, se me acusa de prófugo de la Justicia, se me detiene aquí en mi domicilio y se me lleva directamente a una prisión y después ya estando en prisión se me hace todo ese juicio, en el que no se le avisó a mi familia, se presionó a los testigos, se intimidó a los testigos, todo eso y fui sancionado y estuve nueve meses en una celda tapiada en una cárcel. La historia está por ahí escrita, muchas personas escribieron sobre ella e incluso tuve que estar en una celda tapiada con un asesino, un individuo que había asesinado a una persona y presentaba problemas psiquiátricos y con un violador de menores, y con otros elementos más como narcotraficantes, todo ese tipo de individuos me tuvieron allí para intimidarme y estuve esos nueve meses ahí y después me llevaron para otra celda. Incluso estuve en una huelga de hambre que tuve que hacer por toda una serie de violaciones contra mis derechos ahí que estuve dieciocho días sin ingerir alimentos. Mucha gente me ha dicho que escriba esta historia pero la verdad que me he dedicado a escribir otras cosas, pienso que otras historias de nuestro pueblo son más importantes que esta mía."

La esposa de Arroyo fue trasladada de su trabajo. Es maestra y la transfirieron desde Pinar del Río a un pueblo alejado de la ciudad con el sueldo reducido en dos tercios. En octubre de 2001 aparecieron carteles en su barrio donde se decía que él era un "traidor" y que debía "pagar el mal que causa".

La provocación es uno de los talentos del régimen. Presionar y oprimir hasta que el individuo que ha optado por actuar libremente explota, y en el momento en que explota, el régimen lo pone como ejemplo de la falta de moderación de la disidencia. Raúl Rivero me contó que desde hace varios años no concurre a la Feria del Libro de La Habana. Él teme ser víctima de insultos o golpes que lo hagan reaccionar, y que entonces le caiga una condena por "desorden público".

## ÚLTIMAS NOTICIAS

**ARROYO CONDENADO A 26 AÑOS Y DECOMISO DE BIENES MUEBLES**
**7 DE ABRIL DEL 2003**

La Habana, (Fara Armenteros, UPECI / www.cubanet.org) - El periodista independiente **Víctor Rolando Arroyo** fue condenado a 26 años de privación de libertad por el Tribunal Popular Provincial de Pinar del Río, según dio a conocer Martha Carmona, madre del comunicador. Las conclusiones fueron entregadas a la esposa de Arroyo, Elsa González Padrón, quien se ocupa de contratar con un abogado el recurso de casación. En la sanción impuesta a Víctor Rolando Arroyo se contempla, además, el decomiso de algunos bienes que la policía dejó en calidad de "depósito" en la vivienda donde el periodista residía con su esposa: televisor, juego de comedor, cama y otras pertenencias del matrimonio, y propios de un hogar. Cuando detuvieron a Arroyo la policía se apoderó de todos sus medios de trabajo: equipo de fax, computadora, cámara fotográfica, y dinero en efectivo, así como las tarjetas Transcard de Arroyo y de Martha Carmona, la madre de Arroyo. En la cuenta de Arroyo la policía se apoderó del balance que tenía, unos cien dólares. El fiscal había pedido cadena perpetua para Arroyo Carmona. Esta es la tercera vez que el periodista independiente es enviado a la cárcel.

## 7. Líneas de defensa

Bernardo Arévalo Padrón es el director de la agencia *Línea Sur Press*. Fue detenido el 18 de noviembre de 1997 y condenado diez días más tarde a seis años de cárcel. Se lo acusó de "desacato" por llamar mentiroso a Fidel Castro por *Radio Martí*, cuando el presidente cubano suscribió la declaración final de la Cumbre Iberoamericana de 1996, en la cual los firmantes se comprometían a promover en sus respectivos países los derechos humanos. Según sus colegas, la causa verdadera de su encierro puede ser una nota previa donde revelaba la participación de militares en la matanza clandestina de ganado en la provincia de Villa Clara.

Son mujeres y hombres comunes. No son héroes mitológicos. A algunos la disidencia les brotó incontenible desde su interior, y otros fueron empujados hacia fuera del régimen y luego aceptaron ese desafío. Poco a poco los periodistas independientes están construyendo una cierta protección, siempre relativa, frente al régimen.

Las embajadas son la primera línea de defensa y las que mantienen alerta a la sociedad civil mundial. Delegaciones diplomáticas como la estadounidense, la polaca, la sudafricana, la sueca, la canadiense, la inglesa, la checa, la alemana, la francesa, la española, la mexicana e incluso la japonesa, ofrecen distintos tipos de cooperación y ayuda a la nueva sociedad civil cubana y a los periodistas independientes en particular.

La otra defensa inmediata proviene de los corresponsales extranjeros. Cuba ha sido una de las bases más atractivas para los corresponsales en América Latina y muchos han querido instalarse allí para esperar la transición o el derrumbe. Pero las limitaciones para su trabajo son las propias de una dictadura totalitaria. Dos periodistas franceses hicieron una lista de las limitaciones a su trabajo periodístico[1]:

- Leyes celosas del secreto de las actividades del Estado.
- Poco conocimiento y acceso a los funcionarios. Mucho trabajo con "fuentes de segunda mano".
- Desconocimiento de la trama de las decisiones públicas, más allá de sus trazos muy gruesos.
- Los funcionarios no dan información nueva a la prensa extranjera.
- La población teme que se la denuncie por emitir opiniones críticas del gobierno.
- Las visitas de extranjeros a las casas son vigiladas.
- Obstáculos no directos, sino disuasivos.
- Necesidad absoluta de proteger a las fuentes.

Mientras muchos cubanos del exilio tienen una visión muy crítica de los corresponsales, pues los ven como un "megáfono de la dictadura", los periodistas con base en la isla suelen decir que estos enviados extranjeros no pueden hacer más de lo que hacen si no quieren que el régimen les cancele su permiso, que deben renovar todos los años.[2] Reciben un trato casi diplomático, pero se les exige una contrapartida de buen trato. "Muchos se preguntan, ¿voy a arriesgar mi estancia en la isla, la oportunidad de narrar la transición cubana, por una información que, aunque cierta, puede ser a mediano plazo intrascendente?", dice Homero Campa, que fue corresponsal de un medio mexicano.

---

1. Fogel, Jean-Francois y Bertrand Rosenthal, *Fin de siglo en La Habana: los secretos del derrumbe de Fidel*, Colombia, TM Editores, 1994.
2. En el año 2002 se difundió un estudio del Media Research Center titulado "Megaphone for a Dictator: CNN's Coverage of Fidel Castro's Cuba, 1997-2002". Allí se revelaba que los disidentes fueron el foco de sólo siete de las 212 notas emitidas por la CNN desde que esta logró instalar una oficina en La Habana. www.mediaresearch.org.

En una sociedad totalitaria como la cubana, donde la única legitimidad para actuar en público proviene del Estado, la disidencia no reconocida debe buscar una legitimidad alternativa que le asegure visibilidad. Y la principal fuente de legitimidad (y visibilidad) alternativa que tienen los disidentes son los corresponsales extranjeros, quienes aceptan o no legitimarlos mediante la incorporación de sus voces o sus acciones a los cables y notas que mandan al mundo. Sajarov adquirió el *status* público de disidente cuando su primer escrito se publicó un día de 1968 en un diario holandés a través de un corresponsal de ese origen. "La suerte estaba echada. Esa noche tuve la más profunda sensación de libertad", recordó el físico en sus memorias. Cuando en noviembre de 1970 Sajarov y dos disidentes crearon el Comité de Derechos Humanos, fue la presencia de corresponsales extranjeros en el acto lo que les dio acceso a lo público. Si los corresponsales no hubieran asistido a la convocatoria de estos tres soviéticos críticos del régimen, éstos habrían tenido todos los costos de la ilegalidad y ninguno de los beneficios de la publicidad. Es decir, frente a la legitimidad estatal prohibida, la única alternativa para los disidentes son las embajadas y los corresponsales extranjeros.

Raúl Rivero elogió a la corresponsal de la CNN Lucía Newman, quien llegó tan velozmente cuando ocho policías ingresaron a hacer un registro en su casa que alcanzó a filmar cuando se estaban llevando varios objetos y papeles, entre ellos una vieja máquina de escribir. Manuel David Orrio también destacó el papel de los corresponsales extranjeros:

> "Yo creo que hacen lo que pueden. Hacen lo que pueden porque si no los expulsan. Hoy en día los expulsan menos porque existimos nosotros. Hoy en día pueden hacer cosas más atrevidas porque existimos nosotros. Porque imagínese. Hace cinco años era muy difícil ver a un periodista extranjero en una conferencia de prensa convocada por la oposición. Hoy van con bastante

frecuencia pero por qué razón, porque estábamos nosotros haciéndole la competencia, pero ellos estaban reportando sobre la Cuba real que existía, que estaba ahí, que se le plantaba al gobierno y entonces nosotros les hemos abierto ciertos espacios y ellos también nos han abiertos ciertos espacios, y es justo decirlo. Ha habido algunos muy valientes, por ejemplo Denis Rousseau[3], de *France Presse*. Es un hombre magnífico Pascal Fletcher[4], de *Reuters*, hombres que conocí durante años, magníficos profesionales. Gente así que recuerdo que me vienen a la mente por ejemplo, para que vea la diferencia en el tiempo, en el año 92, 93, periodistas polacos, checoslovacos que por asistir a una conferencia de prensa fueron directamente deportados en un avión. Hoy en día están con todo su equipamiento pero en aquel momento pasaban esas cosas. Yo creo que el mundo necesita de mucha información sobre Cuba y que toda la posibilidad informativa que pueda existir es buena."

La prensa europea y la de Estados Unidos prestan más atención al periodismo independiente cubano que la prensa latinoamericana. Parece haber cierto cansancio con la cuestión cubana, como si una supuesta inmovilidad no provocara noticiabilidad alguna. Sin embargo, es posible que la prensa de la región se esté perdiendo una historia nueva, que es el crecimiento de la sociedad civil cubana. El veterano Néstor Baguer, fundador de la primera agencia periodística independiente, dice:

---

3. Denis Rousseau fue director de la agencia francesa *France Presse* en Cuba entre 1996 y 1999. En el verano de 1999, el gobierno cubano anunció formalmente a la embajada francesa que se lo consideraba persona no grata en la isla. Junto con la periodista Corinne Cumerlato, Rousseau escribió *La isla del Dr. Castro: la transición secuestrada* (Barcelona, Planeta, 2001).

4. Pascal Fletcher. Periodista de *Reuters* y de *Financial Times* a quien el propio Fidel Castro le dirigió un comentario alusivo en enero de 2001. Durante esas semanas se realizó una campaña en la prensa oficial donde, entre otras cosas, se lo trató de "ponzoñero habitual contra la Revolución Cubana". Unas semanas después de esa campaña su agencia lo trasladó a Venezuela.

"Nosotros enviamos noticias a España, a Francia, hasta a Inglaterra y por supuesto a Estados Unidos, pero a nuestros hermanos latinoamericanos no les interesa nada lo que sucede en Cuba, todo lo que está sufriendo el pueblo cubano, y los grandes diarios no se interesan en hacer contacto con alguna de las agencias independientes en Cuba."

Entre los periodistas independientes se alertan de cualquier incidente. La *Sociedad Profesional Márquez Sterling* funciona también como centro de recepción y difusión de denuncias sobre la actividad periodística libre en la isla. A partir de allí se informa al mundo y comienza la presión de las principales organizaciones profesionales mundiales, como *Reporteros sin Fronteras*, con base en París, y el *Comité de Protección de Periodistas*, asentado en Nueva York. Cuando fui detenido en La Habana, en febrero de 2003, ambas organizaciones internacionales emitieron comunicados de repudio en pocas horas. Un caso típico de cómo se construye la línea defensiva es el siguiente, narrado por María Elena Alpízar:

"Me llaman de Santa Clara para alguna noticia y dar algunas informaciones y entonces me dicen que Isabel Rey Rodríguez, la periodista de *Cuba Press*, está desaparecida. Figúrate que llamo al presidente de la *Sociedad Márquez Sterling*, Ricardo González Alfonso, y le digo que Isabel está desaparecida, que no se sabe..., llaman a la casa y pues entonces sencillamente digo: 'Ricardo, mira, en la esquina de la casa está el centro de operaciones y hoy vino como jefe de este centro Raúl Fernández que es el segundo jefe del teniente coronel de la contrainteligencia aquí en la provincia de Villa Clara, él me atendía cuando yo estaba presa y él era simplemente un agente de la Seguridad del Estado y además de eso él nació y se crió junto con Isabel y él tiene una forma más educada... y yo voy a ir a verlo para preguntarle que Isabel...', y me dice 'María Elena, ve con mucha moderación como tú te sabes...' y yo digo 'no, no yo voy, el me ha mandado a detener y a golpear, aunque él dice que no pero bueno'. Y efectivamente llegué y le plantee la situación de Isabel y me dice 'no, no, María Elena, ella no está desaparecida' y entonces me dice esto el teniente coronel Raúl Fernández, segundo jefe de la contrainteligencia en Villa Clara, y me dijo 'mira, nosotros primero desaparecemos a un opositor que a un periodista porque ustedes son los periodistas contrarrevolucionarios pero el costo político es muy elevado' fue lo que me dijo este segundo jefe. Así que ellos, por la ayuda que todos ustedes internacionalmente, de todas las agrupaciones de todo, nos guardan el café, nos respetan, sino... no es que acá haya habido alguna apertura, sino porque ellos cuidan mucho su imagen pública internacional y entonces el costo es muy elevado, aunque tienen a Arévalo Padrón preso hace sin fin de años, y ahora a Lexter Téllez Castro y otros periodistas. [...] Isabel Rey Rodríguez tenía que ir a reportar una actividad en la biblioteca 'Marta Abreu' de Santa Clara, ella vive en el pueblo de Esperanza aquí cerca de Santa Clara y cuando ella salió la detiene un paramilitar, una de las gentes de la brigadas de respuesta rápida que le dicen que no puede salir, y ella le dice que sí, que va a salir, entonces viene un oficial... Al salir del pueblo, sale de su casa y cuando va a tomar un ómnibus para Santa Clara se le presenta este señor y entonces la llevan para la casa, para su domicilio e inmediatamente allí la detienen, pero qué sucede, que ella igual que yo no tiene teléfono, pero tiene un teléfono cerca, al lado de su casa y la Seguridad del Estado le dice a la señora dueña del teléfono que cuando alguien pregunte por Isabel diga que no está, que no sabe de ella, y allí pone a un agente dentro de la casa de la dueña del teléfono y entonces por eso, cuando la gente llamaba porque Isabel no asistió a reportar la actividad de la biblioteca independiente entonces la gente llamaba a la casa de esa señora y salía un hombre y decía que era el esposo de Pilar, y yo sé que esa señora no tiene esposo y entonces era que era un agente de seguridad, y por eso la dábamos por desaparecida porque no sabíamos que estaba en la casa, pero se mantuvo todo el tiempo en la casa de ella como con una reclusión domiciliaria como yo."

Raúl Rivero vive y trabaja en La Habana, es mundialmente famoso y es directivo de la *Sociedad Interamericana de Prensa* (SIP). Pero el periodismo independiente es un movimiento que está llegando hasta el último rincón de Cuba. Y hay pueblos pequeños, con menos de diez mil habitantes, donde hay un solo periodista libre. Allí la defensa de las embajadas, o de los corresponsales extranjeros, es más lenta y difusa. Es el caso del pueblo de Esperanza y el pueblo de Placetas, ambos de la provincia de Villa Clara. Están más solos y tienen al enemigo más cerca. Mejor dicho, solas. Tania Quintero, en La Habana, me contó que acababa de conocer a una mujer que ejercía el periodismo en el corazón de Cuba, en un pequeño pueblo llamado Placetas:

"Yo conocí el viernes en casa de Martha Beatriz Roque Cabello[5] a una periodista que tiene la misma edad mía, María Elena Alpízar, de allá, de Placetas, en qué condiciones trabaja esta gente, qué difícil y luego lo que le mandan. [...] Yo cobro cien dólares al mes, es mi salario porque escribo para la revista *Encuentro* a razón de 25 dólares por trabajo. En *Encuentro en la red*, la página digital de la revista *Encuentro*; y entonces ellos ganan menos todavía, la represión es más fuerte que aquí, los maltratan, a los jóvenes los tiran en las carreteras, los hacen caminar, es una cosa que la gente del interior está pasando todavía peor que nosotros."

---

5. Martha Beatriz Roque Cabello. Presidenta de la Asamblea para Promover la Sociedad Civil en Cuba. Fue detenida mientras realizaba una huelga de hambre en protesta por la detención de presos de conciencia el día 20 de marzo de 2003. Fue condenada a veinte años de prisión. Cumple su condena en la cárcel de Manto Negro, en las afueras de La Habana.

En los pueblos pequeños los regímenes parecen estar más desnudos. Películas como la mexicana *La ley de Herodes*, sobre las formas y las consecuencias de la dominación del Partido Revolucionario Institucional (PRI), o *No habrá mas penas ni olvido*, sobre la violencia de los años setenta en la Argentina, muestran cómo en esas pequeñas comunidades la realidad es a veces más visible que en las grandes urbes:

> "Le hago un breve resumen de mi vida. Me llamo María Elena Alpízar Ariosa, nací el 26 de enero de 1942 en Placetas, actual provincia de Villa Clara, porque antes era provincia Las Rías, soy mestiza o mulata como llamamos nosotros los cubanos. Mi familia era clase media y fui educada por mi abuela paterna y una tía paterna. Soy católica apostólica por convicción y practico mi religión desde niña y no soy disidente, porque el disidente es el que algún día simpatizó con este sistema pero yo no, siempre fui opositora al régimen de Castro, así que sufrí cárceles, persecuciones, y siendo más joven, adolescente, en 1961 cuando la invasión en Bahía de Cochinos[6], fui detenida por espía con los cañones enfocando hacia mí con otro grupo de mujeres casi todas jóvenes adolescentes como yo. Yo estudié en colegios públicos y privados y me hice Bachiller en Ciencias y luego no me admitieron por mi ideología contraria a Castro en la universidad, pero sí trabajé como profesora de Química en una secundaria básica. Pero en el año 68 me expulsan por un plan llamado Plan de Fortalecimiento Revolucionario o Plan Plancha debido a mi ideología. Entonces comienzo a trabajar en una biblioteca municipal, siempre con limitaciones en mi actividad laboral, debido a mis ideas ideológicas esgrimidas. Trabajé durante muchos años en la biblioteca y en el 89 me involucran en un delito común llamado juego ilícito, donde yo no tenía nada que ver, sino que era un primo por vía paterna, un

---

6. La invasión se produjo el 17 de abril de 1961, en Playa Girón, sobre la Bahía de los Cochinos, en la costa sur de Cuba. Al tercer día, la fuerza anticastrista fue derrotada.

primo hermano, pero fue un ajuste de cuentas. Yo puedo decir que soy pionera en la oposición de las causas comunes que han abierto a través de los años, eso fue en el 89, del 89 hasta acá, a los opositores del régimen castrista. Cumplí un año, nueve meses y dos días en la cárcel de mujeres de Guamajar en Santa Clara, y le digo que era un ajuste de cuenta pues me daban tratamiento político con otras dos presas. Una por salir ilegal del país y la otra porque la habían involucrado también en un problema de malversación. [...] Primero mis hijos, esta es una parte muy importante de mi vida, yo tengo dos hijos varones, me casé y me divorcié más nunca me he casado para poder seguir comulgando, no me casé por Iglesia y por tanto pues figúrese que no me divorcié por culpa mía, me casé con un ex prisionero político que radica en Venezuela. Y mis hijos desde el 27 de junio del 83 viven en Venezuela. Ellos más nunca pudieron venir aquí a Cuba, fueron expulsados por la policía política, o sea la Seguridad del Estado cubana, por ser hijos de quien eran, en sus expedientes escolares decía que eran hijos de padre contrarrevolucionario y madre una contrarrevolucionaria connotada. Los expulsaron a los 12 años, eso fue una parte que me destruyó, me mató espiritualmente cuando me fueron a dar el permiso de salida de mis dos niños, uno se llama Miguel Ramón y el otro César Alejandro Estate Alpízar. El jefe de la Seguridad del Estado de la provincia de Villa Clara me dijo, 'María Elena, ¿tienes muchas fotografías de tus hijos?', y yo no lo entiendo y le digo 'yo no soy muy adicta a la fotografía pero tengo algunas', y entonces me dijeron 'no, porque de ahora en adelante los vas a ver en fotografías porque más nunca te vamos a dejar salir de aquí del país'. Fidel Castro me mató en vida, yo no pude ver cómo mis niños de 12 y 14 años se convirtieron en hombres. Hace veinte años que yo no veo a mis hijos, los veo por fotografía o hablo con ellos por teléfono pero bueno, yo no odio, porque soy católica, pero tengo esa cosa dentro de mi corazón. Esta es más o menos la historia, entonces cuando salgo de la cárcel, me dice que no me involucre más en problemas políticos.

Yo salgo de la cárcel el 25 de diciembre del 92 y esto me lo piden en el 93 y la policía política de aquí, de Placetas, empieza a perseguirme, a echarme las culpas de carteles antigubernamentales que aparecían y todo una serie de cosas y me voy a vivir a un campo llamado Vega Alza, en la misma provincia del municipio de Camajuaní y hasta allí fue la policía política y bueno, siempre reprimiéndome. Entonces en 1997, ya digo no, me integro a los grupos de derechos humanos y de derechos civiles y me integro al Consejo Nacional por los Derechos en Cuba y al Movimiento Nacional de Resistencia Cívica 'Pedro Luis Boitel', que soy fundadora y preside la destacada opositora Berta Antúnez, hermana de José Luis García Pérez Antúnez, preso político muy destacado aquí, y al Partido Democrático 30 de Noviembre y comienza ya la lucha, comienzan otra vez a detenerme y, bueno, a inventar causas y líos y me detenían dos, tres días y me soltaban. Entonces el 8 de enero del 2000 comienzo mi función de periodista independiente por mediación de la líder opositora que señalé, Berta Antúnez, puesto que la periodista de la agencia *Cuba Press* que dirige el destacado Raúl Rivero necesitaba una colaboradora aquí en la región central y entonces Berta Antúnez dice 'bueno, aquí la más indicada es María Elena puesto que tiene todo el nivel y es una persona que aparte de capacitada mentalmente, es valiente para asumir esa tarea'. Y así empiezo en el año 2000 a trabajar con *Cuba Press* y después, por cuestiones económicas, paso al servicio *Noticuba* que dirige Ángel Pablo Franco, y por esas mismas condiciones económicas me quedo sin agencia ninguna y entonces sin nadie que pueda darnos, porque la vida aquí es dura y la del periodista es más dura todavía, a mí nunca me convidaron ni nada, ni me dieron la jubilación ni nada entonces. [...] Pero sigo en el periodismo porque los opositores de esta parte del interior, yo atiendo mucho la provincia de Villa Clara, la provincia de Sancti Espíritu, y sobre todo los presos políticos de todo el país, del movimiento que dirige Berta Antúnez que es un movimiento que está conjuntamente con el Presidio Político Pedro Luis

Boitel, y ellos emiten todas las quejas, todas las denuncias de lo que sucede en las cárceles y nos las envían y nosotros esas denuncias las transformamos en informaciones al mundo de lo que está sucediendo dentro de las cárceles cubanas. Y bueno, pues seguí trabajando sin ningún estipendio transmitiendo las noticias por *Radio Martí* vía telefónica. Entonces en el 2001, ya a finales, en la segunda parte del 2001, la líder opositora Martha Beatriz Roque Cabello me invita a ser miembro de su grupo, del Instituto Cubano de Economistas Independientes, y yo le dije que yo podía participar ahí pero que no me hiciera mella a mi calidad de periodista, que hay que ser imparcial y ella me dijo que 'no, era para que colaborara en un boletín que edita el instituto' y me ayudaba económicamente. Entonces en diciembre del año pasado empecé a trabajar en el grupo de trabajo *Decoro* y escribo para *Cubanet*."

Esperanza es otro pueblo de la provincia de Villa Clara, a pocos kilómetros de Placetas. Allí vive Isabel Rey Rodríguez, que tiene 63 años, y también, como María Elena, es católica y practicante. Se graduó de maestra y sólo pudo ejercer un año porque de inmediato la inhabilitaron. Ella también nació en una familia que no fue revolucionaria, y cuando se produjo la invasión a Bahía de los Cochinos el gobierno detuvo a su padre de modo preventivo. Su hermano siempre fue opositor y, hacia mediados de los ochenta, la fue acercando a los grupos de defensa de los derechos humanos. Al principio Isabel creyó en la revolución, pero para 1961 había perdido todas las esperanzas:

"Yo simpatizaba porque creí que esto iba a traer para Cuba libertad y democracia, pero todos nuestros anhelos, todos nuestros sueños, cuando esto triunfó yo estaba con 19 años, fueron tronchados de golpe y porrazo por una doctrina totalmente ajena, totalmente cruel y bueno, rompí con él, me manifesté públicamente porque nunca he podido dar a conocer una cosa que no sienta, no estoy para nada en eso de la doble moral, y bueno ya me situé en la acera de enfrente y así estoy hasta hoy y estaré mientras viva. Ya el giro que fue tomando el sistema, ya una serie de pasos que dio el gobierno, cómo se manifestaba, todos aquellos discursos, aquellas acciones, aquellos fusilamientos, aquellas manifestaciones maratónicas por la radio y la televisión, ya manifestándose de una forma que iba en contra de todo aquello en lo cual habíamos nacido, en lo cual habíamos crecido y nos habíamos formado, todos aquellos conceptos cristianos, humanistas, en eso mi padre contribuyó mucho porque jamás se engañó y contribuyó mucho a que me diera cuenta de que todo era una gran mentira. Bueno, pues, me aparté totalmente de todo y me manifesté en contra."

La forma de expresar su disidencia fue la práctica católica. Bautizó a sus tres hijos, impidió que formaran parte de las organizaciones infantiles del régimen y los mandó a la catequesis. Pero en 1992 hizo un acto de desacuerdo mucho más frontal: preparó panfletos donde le pedía a los ciudadanos que se abstuvieran de votar en las elecciones. La detuvieron el 12 de noviembre de 1992 y tras acusarla en un juicio por el delito de "propaganda enemiga" estuvo tres años en su casa con prisión domiciliaria. Salió en libertad en julio de 1996 y en 1998 se relacionó con el periodismo independiente a través de una amiga periodista, Marvin Hernández Monzón, que militaba junto a ella en el Partido Pro Derechos Humanos. Tanto Isabel Rey Rodríguez como María Elena Alpízar tienen más de 60 años, trabajan como periodistas independientes en pueblos muy pequeños donde son casi toda la sociedad civil que hay allí, y por eso son muy perseguidas. Dice María Elena:

"El 7 de noviembre de 2000, cuando yo iba a reportar una actividad del Partido Democrático 30 de Noviembre, aquí en el pueblo fui detenida por la Seguridad del Estado dos veces. La primera pues me llevaron para mi casa pero después, como yo ejerzo mi derecho que me lo da el artículo 19 de la Declaración Universal de los Derechos Humanos, pues salí a reportear otra vez y me vuelven a detener y entonces me expulsan, me botan en un paraje inhóspito, desierto, a ocho kilómetros de la ciudad de Caibarien, aquí en Villa Clara, sin dinero, ni carné de identidad. Allí tuve que pedir la ayuda del párroco de la Iglesia Católica que me dio cuarenta pesos para volver para mi casa, pero en ese trayecto me dio tres hipoglucemias porque yo padezco de hipoglucemia y el pueblo me ayudó mucho, e hice una divulgación que creo que fue muy buena porque le dije al pueblo de Caibarien lo que había sucedido, lo que estaba sucediendo en esos momentos en mi pueblo. Cuando me dejan en este lugar a 8 kilómetros, me bajan del carro dos uniformados de verde olivo y venía un señor ya en edad, pobremente vestido, y él ve cuando me bajan de la máquina y sigue el carro. Y yo me asombraba porque he estado detenida simplemente, pero eso de que me dejen en un paraje desierto nunca. Entonces le digo a este señor, 'señor, ¿en dónde estoy?' y dice 'usted está cerca de Caibarien', y digo 'yo quiero ir para la Iglesia católica' y bueno 'tiene que caminar como 8 kilómetros, al centro del pueblo' y entonces digo 'mire señor, no vaya usted a creer que yo soy una delincuente porque me vio que la gente uniformada...', y entonces el hombre dice 'no, señora, usted por su aspecto se ve que es una persona decente y por su conversación', y le digo 'usted sabe lo que sucede'. Aquí en Cuba la gente no distingue mucho el problema de... a todos los opositores les dicen 'la gente de los derechos humanos', y el periodismo independiente también, entonces para que el hombre me entienda le dije 'yo soy de los derechos humanos y yo me dedico a escribir y hablar por radio todas las cosas que hacen', y entonces le explico al hombre que me quedé sin dinero, carné de identidad, porque me dejaron ahí botada sin eso, y entonces el hombre sencillamente, pobrecito, se mete la mano en el bolsillo y saca un billete cubano de cinco pesos, todo estrujado y así, me lo quiere dar, me lo ofrece y yo digo 'no, no, no que va, si por ahí andan ellos esperando, yo no puedo, yo voy a llegar a la iglesia y como soy católica pues el padre me ayuda', y me dice 'señora tiene que caminar, tenga cuidado'. Entonces se me ocurre la idea y digo ahora le voy a hacer una campaña, una divulgación de las injusticias que están cometiendo aquí en mi pueblo y de lo que están haciendo a mi gente. La segunda persona que me crucé fue una muchacha médico y entonces había un policía cerca, porque ellos te dejan botada pero dejan a alguien para que te esté persiguiendo, y entonces le dije 'señorita por favor para ir a...', yo sabía pero para entrar en conversación y entonces le dije que no tenía dinero y esto, y le hago el mismo cuento y la muchacha, una muchacha joven, me dice '¿pero esto sucede aquí en Cuba? Esto está mal, porque se ve que usted es una persona decente que...'. Mire, si yo hubiera aceptado todo el dinero que la gente me quería dar, hubiera venido con más de mil pesos, sin exageración alguna, y entonces llegaba a las casas, y después con mi hipoglucemia, me dieron tres hipoglucemias y en todo lugar donde veía, sobre todo personas jóvenes, llegaba y le hacía el mismo cuento para que vea, y esa fue la campaña de divulgación que hice ese 7 de noviembre de 2000. Eso fue el 7 de noviembre de 2000, y el 16 de enero de 2001 voy a reportar otra actividad y me vuelven a detener y esta vez sí me botan mucho más lejos, casi a cien kilómetros de mi lugar de residencia, a cinco kilómetros en un lugar desértico en Villa Clara, en los límites con la provincia de Sancti Espíritu. Pero esta detención y este abandono tiene una característica, yo no quise bajarme y el oficial de la Seguridad del Estado, que iba con el chofer, que se llama oficial Joel Machado Morgado, me jaló, me maltrató por el brazo izquierdo, es un hombre joven y me agarró la pierna izquierda y me tiró para la cuneta. Yo era una mujer ya de 59 años y así me dejaron abandonada allí. El 28 de enero de 2001, o sea 12 días después, yo tenía todavía el brazo izquierdo inflamado debido al maltrato de ese oficial y voy hasta la ciudad de Santa Clara que está a 36 kilómetros de aquí, de mi localidad, a reportar una actividad conmemorando el natalicio del apóstol de nuestra independencia José Martí y fui detenida una cuadra antes de llegar y me montaron en una máquina y me dejaron en un lugar llamado El Mamé, ese sí a ciento y pico de kilómetros de mi pueblo, y allí un campesino me brindó ayuda y no fui maltratada físicamente. El 24 de febrero del 2001 pues también me detuvieron y ahora me puse más dichosa pues me abandonaron casi en las inmediaciones de mi pueblo, a cuatro o cinco kilómetros. El 29 de agosto del 2001 fui a reportar un juicio que se le hizo aquí al delegado de la región central del Partido Democrático 30 de Noviembre y me montaron en una máquina, y me botaron a cien kilómetros de Placetas, viré otra vez y volví para el lugar del juicio. Entonces el 28 de diciembre en La Habana, cuando yo voy a hacer una entrevista a la familia Cohen, o sea a la señora de José Cohen y sus hijos que están aquí secuestrados por el gobierno de Castro. [...] La Seguridad del Estado de La Habana, yo los vi cómo me perseguían, porque ellos no se esconden, con su *walkie talkie* y aunque no están uniformados hicieron todo para que yo supiera que me estaban persiguiendo, entonces ya en la tarde, en las primeras horas de la noche, en la calle Línea en El Vedado, cuando fui a montar un ómnibus, pues uno de los que andaba con ellos, que yo me fijé bien, me metió un corte en el ojo izquierdo que me produjo una lesión. Todo es verdad, tengo certificado de todo eso, tuve que tener el ojo tapado por muchísimo tiempo y eso se denunció completamente. El 24 de febrero del 2002 cuando iba a reportar una actividad en Sancti Espíritu pues fui detenida por el capitán Vidal y una guardia que fue una de las que me cuidó cuando yo estuve presa, llamada Clara Contreras, que me jorobó el brazo izquierdo delante de todo el mundo, que le gritaban 'cobardes' y 'acosadores'. Y el 30 de noviembre, cuando voy a reportar la actividad por el Partido Democrático 30 de Noviembre yo tenía, figúrese, ya a mi edad por cualquier cosa me caigo y me lesiono, y el 22 de noviembre yo me había caído de mi propio pie y me había lesionado el brazo izquierdo, el cual ya le digo tengo una secuela traumática y me lo habían enyesado, entablillado porque tenía la muñeca dislocada, y entonces yo estaba con mi brazo izquierdo así y voy a reportar mi actividad y un oficial de la policía política me ha jorobado el brazo delante de una multitud que le gritaba, y hermanos míos, y no me dejaron y bueno, me dieron un golpe en la cabeza y me tiraron para dentro de un carro. Y por último, la última que recibí fue el 10 de diciembre cuando voy a reportar al poblado de Báez, que pertenece al municipio de Placetas, la actividad por el día de los derechos humanos, pues suspendieron el ómnibus y todos los transportes que iban para allá para que yo no fuera y así descaradamente, cínicamente me lo dijeron, que tenía que ir para mi casa y yo no, con otros dos caminé cerca de 15 kilómetros y pude reportar la actividad. Hasta ahora estas son las represiones, más otras que me han hecho actos vandálicos frente a mi casa, problemas en los teléfonos que interrumpen, les dicen a las personas que me prestan el teléfono que se lo van a quitar, y una serie de amenazas y reprimidas concretamente. Y sobre todo la Seguridad del Estado de La Habana dice que yo no puedo ir a La Habana, que ellos intentarán hacerme el daño posible, de hacer cualquier cosa, pero que yo no puedo ir a La Habana y que, esto me lo han dicho a mí personalmente, que 'por qué yo no hago un periodismo como lo hacen los demás periodistas, el periodismo por teléfono, que espere la noticia' que 'por qué tengo que ir al lugar de los hechos' y yo le digo que 'yo soy reportera y que yo tengo derecho de ir al lugar de los hechos'. Me dicen que soy muy drástica. Yo llevo una vida muy monacal se puede decir, porque tenemos un enemigo muy astuto que nos tiene las 24 horas del día completamente vigilados y ellos me han dicho personalmente que 'tú eres una de las mejores pero no eres la mejor, tú algún día fallas y cuando falles ahí estamos nosotros' para tratar de desprestigiarme la posición que me he ganado en contra del régimen en el periodismo alternativo."

Unos días después de relatarme eso por teléfono, María Elena estaba haciendo una nota sobre las elecciones recientemente realizadas y copiaba unos datos de la cartelera de una escuela que había funcionado como lugar de votación. Se le acercó una funcionaria y le sacó el cuaderno de apuntes, la empujó y le gritó: "¡Inmoral!". Cuando María Elena se dirigió al Departamento de Atención a la Ciudadanía para protestar, la encargada le preguntó:

–Si las elecciones fueran de ustedes, ¿a ti te gustaría que nosotros las cuestionáramos?

–Sí, serían verdaderamente democráticas y ustedes podrían participar, si no tienen las manos manchadas de sangre.[7]

Un año antes, en diciembre de 2001, María Elena hizo una visita a La Habana, y fue seguida por un individuo que le golpeó el rostro. A pocos kilómetros de la casa de María Elena, en la misma provincia de Villa Clara, en el pueblo de Esperanza, Isabel vive una persecución similar:

"Bueno, tuve una experiencia hace poco bastante mala. Di una información sobre un oficial que está en retiro de la Seguridad del Estado, un teniente coronel. Pero ese señor se vinculó al Fondo de Bienes Culturales que desde hoy su estándar de vida es muy superior a lo común aquí. Eso es lo primero, lo segundo es que es integrante del Comité de Defensa de la Revolución de su cuadra y mantiene un estricto control sobre los vecinos. No los deja vender un limón, nada. Entonces uno de los vecinos vino a mi casa y me dio la información y me dio la denuncia que ellos querían hacer público el hecho. Y eso fue un miércoles, yo transmití esa noticia un miércoles y el jueves estaba este señor en mi casa para informarme que había interpuesto una demanda en

---

7. Ruiz, Omar, "Funcionaria electoral agrede a periodista", *cubanet.org,* 31 de enero de 2003.

mi contra. La demanda fue por difamación y bueno, pues, a la semana siguiente me citaron al cuartel general de la policía política. [...] De hecho les dije que yo ya me estaba preparando psicológicamente para irme para Guamajal, que es la cárcel de mujeres de aquí de la provincia, pero que yo no les iba a revelar la fuente, porque me había pedido el anonimato y yo lo iba a mantener. Bueno, no lo llevaron a juicio pero a mí me pusieron una multa de 600 pesos a pagarla en 72 horas, cifra que muy pocos cubanos tienen, pero bueno, todo el mundo contribuyó y la pude pagar en 72 horas. [...] Si yo llego a casa de ese señor, ustedes saben perfectamente que yo no puedo llegar a casa de ese señor, tocarle a la puerta y decirle, 'mire mi nombre es este, yo trabajo en la agencia de prensa independiente *Cuba Press*, yo quiero ver el televisor de cuarenta y pico de pulgadas que usted tiene, el aire acondicionado, las puertas que le puso a su casa de mil y pico de pesos cada puerta. Tampoco puedo ir al centro de trabajo para ver cuánto recibe ese hombre mensualmente para ver si le permite vivir con esos lujos. Yo no puedo hacer nada de eso y ustedes lo saben', le decía a la Seguridad del Estado. Los periodistas de La Habana son privilegiados porque tienen más medios, tienen fax, tienen también ahí todas las embajadas, están más protegidos que nosotros. Entiendo que el periodismo en el interior tiene más riesgos que en La Habana por eso que le digo, porque es como la ventana al mundo y se cuidan un poquito más. [...] Nosotros para acá no tenemos a nadie, por ejemplo yo puedo ir hacia Cifuentes, un pueblo de aquí, me detienen en el camino, me hacen... y de hecho nadie se entera o se enteran a las 24 horas o a las 48 horas. Los de Seguridad del Estado son nacidos aquí. De hecho hay uno de ellos que se crío al lado de mi casa. Jamás he hablado con él, jamás. [...] Voy a contarle una experiencia, una vez me citaron para levantarme una acta de advertencia con no sé cuántos delitos que si he atentado contra la paz internacional, que si contacto con el enemigo, bueno una serie de delitos de esos muy *sui generis* y yo cuando estaba esperando que el acta, que no firmé como es natural, pero que estaban ellos levantando el acta a máquina, uno de ellos se acercó a mí y yo empecé a conversar con él y yo le dije que yo no sabía de ellos hacia mí pero que yo en realidad le daba gracias a Dios de no albergar odios en mi corazón, que yo sencillamente los veía como personas que no pensábamos igual, que estaban allí porque ese era el lugar al que pertenecían, en el que estaban, pero que yo no sentía odio hacia ellos. Desde luego, era un muchacho joven. Yo sentí que aquello le llegó a él e inclusive me dijo que se lo dijera a los otros dos que estaban allí, con los que me iba a ver minutos después, que eran mayores, que eran personas ya mayores. En un momento de la conversación se los dije pero a ellos no les llegó, estoy convencida que a ellos ese mensaje no les llegó. Me vigilan. Yo en mi cuadra tengo a alguien porque de eso uno se da cuenta cuando te citan en la conversación o relatan cosas que tú te das cuenta que te estaban vigilando. Tengo una idea de quien puede ser pero a lo mejor me equivoco. Puedo equivocarme porque puede ser alguien que yo no tengo la más remota idea de que es, y sin embargo aquel que yo creo no es. Y esa cosa ha sembrado la desconfianza entre la gente."

## ÚLTIMAS NOTICIAS

**PROSIGUE HOSTIGAMIENTO A LA PRENSA INDEPENDIENTE**
**30 DE ABRIL DEL 2003**

La Habana, (www.cubanet.org) - Otros dos periodistas independientes fueron hostigados por la Seguridad del Estado, que les dio a escoger una de dos opciones: salir del país o cumplir largas condenas de cárcel.

El periodista independiente Manuel Antonio Brito López, miembro del Grupo Decoro, fue retenido el sábado 26 de abril por más de cuatro horas en la unidad policial de la calle Castillejo en Centro Habana, por dos oficiales de la Seguridad del Estado llamados "Jesús" y "Manuel".

A Brito lo procesaron con un Expediente Pre-delictivo, una figura establecida en el Código Penal cubano previa a la detención de una persona por sospecha de que, supuestamente, está cometiendo un delito.

Al periodista le dieron la opción de salir del país o cumplir una condena de prisión de 25 años.

Igualmente, la periodista independiente **María Elena Alpízar Ariosa**, de la localidad espirituana de Placetas, fue citada por la policía política y conminada a suspender su labor informativa o sería procesada bajo la ley 88 de 1999, conocida como Ley Mordaza, recientemente aplicada a 75 opositores en todo el país.

Alpízar, de 62 años, y también miembro del Grupo Decoro, denunció que varios opositores de Placetas han sido intimidados para impedir que ella pueda utilizar sus teléfonos y enviar al exterior sus informaciones.

## 8. De hijos y padres

—Papi, ¿qué tú has hecho en la dictadura de Fidel?

Esa será una pregunta crucial cuando llegue la democracia a Cuba, y no serán muchos los que podrán decir algo.

El lunes 10 de febrero de 2003, el periodista libre Omar Ruiz, en Santa Clara, se había comprometido con la familia de un detenido a concurrir al juicio público para poder informar sobre ello. Pero la Seguridad del Estado no lo dejó entrar. El preso había cometido el delito de salir al balcón de su casa a despotricar contra el régimen tras una discusión con su padre, enconado fidelista. El comentario cínico habitual de los guardianes del orden revolucionario es "no te preocupes, nosotros le avisamos a la familia que viniste".

Muchas veces los padres les piden a sus hijos que contengan su rebeldía hasta que terminen el colegio o la universidad. Maidelin Guerra, la mujer de Mario Mayo, director de la *Agencia Félix Varela*, de Camagüey, esperó a recibirse de enfermera para comenzar a trabajar como periodista independiente. Si hubiese revelado sus intenciones antes es muy probable que nunca le hubieran dado el título. La periodista Claudia Márquez, de 25 años, decidió en cambio no ingresar a la facultad de periodismo, pues no había lugar para ella. Ahora Claudia está haciendo un curso de periodismo a distancia con la Universidad Internacional de la Florida, colabora activamente con la revista *De Cuba*, es corresponsal de un diario de Texas, es miembro de la agencia *Decoro* e integrante de la *Sociedad Profesional Márquez Sterling*. Es probable que algún día Claudia sea profesora de la Universidad de La Habana sin haber sido nunca su alumna. Además es madre de un niño de 5 años y vive junto a su esposo, Osvaldo Alfonso, importante dirigente del partido Liberal Democrático de Cuba. Osvaldo tiene 37 años y hasta la caída del muro fue un convencido comunista. Durante la década del noventa rompió con el régimen y se fue acercando al pensamiento liberal. Viven en la calle Villa Hermosa, en La Habana, en un edificio de muchos departamentos que está en pésimas condiciones de mantenimiento. Al lado del edificio hay una línea de casas precarias de chapa donde vive gente en condiciones parecidas a las poblaciones de Santiago, las villas de Buenos Aires o las favelas de Río de Janeiro y San Pablo. El padre de Claudia se fue cuando ella tenía 3 años en el éxodo del Mariel, en 1980. Era una decisión que había tomado con su mujer, pero a último momento ella desistió y se fue solo. Tres años después, la madre de Claudia fue detenida por tenencia de dólares. Estuvo cuatro años en la cárcel y ella la visitaba una vez por mes. Ahora ella mantiene a su madre con su trabajo de periodista independiente. Claudia y Osvaldo intentan que su pequeño hijo pase por la "educación de excelencia" del fidelismo lo menos dañado posible, pero no siempre lo consiguen.

En Cuba, la libertad de expresión muchas veces es buscada como una forma de desahogo por tanta bronca acumulada. Cuando se alcanza el poder de decir algo a alguien, lo que sale de adentro es gritar. No siempre brota el argumento racional, en especial en los más jóvenes, o en los que no son jóvenes pero recién se acercan al periodismo. Y a veces, perversamente, el régimen disfruta y usa esos alaridos, porque el régimen exige moderación, racionalidad y cortesía a la disidencia mientras la oprime para que se muera. Es difícil pedir tranquilidad a personas que sufrieron y sufren mucho. Cuando Tania Quintero tiene que pasar a máquina los artículos de su hijo Iván para la agencia *Cuba Press* u otra publicación del exterior, a veces discuten:

> "Le tengo que aflojar un poco porque él dice: 'Castro... Castro... Castro... Castro...' y a veces usted sabe que aquí la Seguridad del Estado puede decidir que esto es una ofensa al país y hay pena de cárcel."

Aunque también hay casos donde los hijos intentan moderar a los padres. Los hijos de María Elena Alpízar, desde el exilio, le piden a su madre que se vaya de Cuba y abandone la disidencia. María Elena ahora se ha puesto a pensarlo.

"Ellos me piden: 'Mami, por favor, estate tranquilita, no sigas hablando, no te metas en nada', porque ellos siempre me conocieron, porque yo no voy a decir una cosa, donde haya una injusticia sea lo que sea, yo grito, hablo para que haya justicia, en cualquier parte del mundo, porque yo soy así, cada cual nace con un signo y yo soy así. Entonces ellos me pidieron que no me involucrara en ningún problema político y todo eso y un día estoy aquí en mi pueblo, tranquila y un oficial que era el jefe de operaciones de aquí de la provincia, de apellido Arteaga, que Dios lo tenga en la gloria, o donde lo tenga que tener, pues empieza a reprimirme fuertemente, aparecían carteles y me echaba la culpa a mí y bueno, era una represión constante y decidí irme para una campo llamado Vega Alta, en el Municipio de Camajuaní. Pero hasta ahí llegó el brazo largo de la Seguridad del Estado y entonces volví para aquí, para mi pueblo, a cuidar a mis tías que ya estaban muy ancianas y decido, ya digo pues total, si estoy sin hacer nada públicamente y me están reprimiendo por mis ideas de antes, por lo que yo soy, pues entonces, me integro públicamente en el 97 en la oposición. [...] Porque desde que soy periodista no he solicitado la salida del país. No sé... mis hijos me están presionando, inclusive estuvieron disgustados conmigo, haciéndome un chantaje sentimental, me dijeron 'no te mandamos nada más porque tiene que irse, ya está muy vieja' y qué se yo, y no me han mandando nada y claro pobrecitos ellos se enteran sobre todos los atropellos físicos sobre mi persona y son mis hijos y son veinte años ya. Pero por otro lado, cuando yo les digo a los opositores que tengo que irme porque los muchachos, imagínese que tienen 34 años pero para mí son los muchachos y ya el mayor se me casó y el chiquito no se me ha casado, y le digo 'bueno si me das una nieta, bueno, camino los mares' porque figúrese. Entonces los opositores se ponen cabizbajos y quién nos va a defender, porque yo me siento tan orgullosa de que los opositores tienen tanta fe en mí, porque ellos enseguida me llaman y me dicen y saben que yo dejo lo que tengo que hacer y voy y entonces... pero bueno, esto es una carrera. [...] Claro, claro, ya yo, aunque uno nunca ha cumplido hasta el día que muera, tengo que cumplir con mis hijos."

Desde 1995, alrededor de cincuenta periodistas libres han abandonado el país. El agobio de la vida cotidiana cubana, la represión o el deseo de reencontrarse con la familia, son los impulsores que finalmente encienden el motor del desgarrante exilio.

## Últimas noticias

**ORDEN DE REGISTRO**
**20 DE MARZO DEL 2003**

Claudia Márquez Linares, Grupo Decoro
La Habana, (www.cubanet.org) – Tocó a la puerta un puño autoritario. Era la Seguridad del Estado con una orden de registro para buscar, según ellos, "elementos constitutivos de delito". Doce oficiales, dos de ellos armados, se apropiaron de cientos de crónicas, noticias, artículos y libros de periodismo. Ciento cincuenta títulos de política, derecho, economía, ciencias sociales; más de 50 sobres con informaciones de Internet, fue el saldo literario de un registro de diez horas. Una vieja laptop y 36 disquetes donde yacen los testimonios de gente de pueblo, víctima de las arbitrariedades legales del gobierno cubano, pasó a formar parte de los abarrotados almacenes de la Seguridad del Estado cubano. Recordemos que desde hace dos meses los operativos antidrogas y "otros comportamientos ilícitos", han sido los protagonistas de masivas confiscaciones que han llegado al ciudadano común, que en nada tiene que ver con el tráfico ilegal de drogas. En las páginas web donde escriben los periodistas independientes

sobran los ejemplos. Leyeron las cartas de amor de hace 8 años que me dirigía mi esposo, Osvaldo Alfonso Valdés, Presidente del Partido Liberal Democrático, y a quien me llevaron como valor más preciado para las celdas de la Seguridad del Estado en La Habana, Villa Marista. Seis discos compactos, entre ellos los de la Revista De Cuba, de la Sociedad de Periodistas Manuel Márquez Sterling, y la Enciclopedia de la Unión Europea para Jóvenes junto a una cámara de vídeo y una digital de fotos, han ido a parar a los almacenes de la Seguridad donde inescrupulosos agentes revisarán su contenido. Escucharon los cassetes de audio de mis clases de alemán, se llevaron todos los boletines de la Internacional Liberal, organización mundial que reúne a todos los partidos liberales del mundo, incluido el de mi esposo. Mientras veíamos por la televisión cómo desde el canal oficial nos llamaban traidores los parlanchines mediocres de la Mesa Redonda, revisaban mis gavetas y todas las fotos familiares. Desde las 4 y 10 pm, cuando entró el Responsable del Registro, quien se hizo llamar Capitán Pepe, sin respetar que yo estaba en paños menores, permaneció mirándome y tuve que expulsarlo de mi cuarto para poder vestirme. Me dijo que me vistiera rápido pues tenía orden de registro. ¿A qué le temen? Me pregunto mientras en nuestra conciencias y en la de una veintena de periodistas y líderes de organizaciones que también fueron víctimas de confiscaciones y de arrestos arbitrarios permanece la esperanza de una Cuba libre y democrática, donde leer a Vargas Llosa y a Milan Kundera no constituyan "elementos constitutivos de delitos".

## 9. Dos años por una pizza

En 1965 nació el diario *Granma*. Fue el resultado de la fusión entre *Hoy*, el diario de los comunistas del Partido Socialista Popular, y *Revolución*, el diario del Movimiento 26 de Julio. La nueva publicación era un signo evidente de un proceso de centralización del poder. La prensa que había existido hasta 1959 prácticamente desapareció por completo. Diarios como *Avance*, *Diario de la Marina* o *Prensa Libre* fueron tomados. En agosto de 1960, el director de *Bohemia* buscó asilo en una embajada y la revista fue confiscada. Unos meses antes, fue cerrada la red radial y televisiva más importante del país, y se fue conformando el Frente Independiente de Emisoras Libres (FIDEL). Para 1961, el dominio era completo. Sobrevivieron los matices en las opiniones del diario *Hoy*, con un tono más ortodoxo, y *Revolución*, con un comunismo cubanizado. Como cuando en 1963 el diario de los comunistas ortodoxos criticó *La Dolce Vita*, de Fellini, diciendo que no era un buen entretenimiento para los obreros cubanos, y un grupo de cinéfilos respondió desde *Revolución*. Ya entonces se produjeron daños colaterales y un redactor de *Revolución* fue despedido.

Fara Armenteros fue comunista, revolucionaria y destacada periodista de *Granma*. Pero desde 1966 comenzó un proceso personal y político que la convirtió en una de las más experimentadas referentes de la nueva prensa cubana. Fara no estudió en la universidad sino que aprendió periodismo por medio de cursos que se daban tanto en el diario *Hoy* como en *Granma*. Ahora está por cumplir 60 años y escribe para *Cubanet*. Antes de dar su testimonio escribió una nota sobre Carlos Selva, un periodista que trabaja con ella, que fue citado y amenazado por la Seguridad del Estado la noche anterior.

"Bueno, mi trabajo en el periodismo independiente es bastante reciente. Aunque tenía información de él desde mucho antes. Yo empecé en el periodismo en el año 1999 pero ya existía en Cuba una tradición de periodismo independiente. En Cuba surge el periodismo independiente a finales de la década del 80 cuando se crea el Comité Cubano Pro Derechos Humanos, que empiezan a salir las denuncias de las violaciones de derechos humanos que hacía el gobierno cubano para el extranjero, o sea hacia las agencias de prensa extranjeras y hacia las embajadas. Esos son los albores del periodismo independiente cubano. En 1966 yo era periodista del periódico *Granma* y me separaron del periódico junto a otros periodistas por incompatibilidad de criterios. Fuimos seis periodistas separados del periódico *Granma*. Le voy a decir los nombres: José Solís, Carlos Quintela, Sixto Quintela, Bernardo Gayela, Nicolás Pérez Delgado, Fara Armenteros [se cita ella misma] y Rosa Verde. Entonces se nos separó del periódico *Granma* y no pudimos trabajar más en la prensa, prácticamente hasta ahora. [...] Los demás que están en el exilio, otros fallecieron, yo estoy aquí en Cuba y bueno, me incorporé a la prensa independiente y es por eso que volví a trabajar en periodismo. Fue el proceso a la microfacción.[1] Nosotros estábamos incorporados al proceso de la revolución pero, bueno, había diferencias de criterios que yo no lo consideré en aquel momento grave, ni disidente, pero me parecieron normales, opiniones normales para que las cosas marcharan debidamente, que fueran más justas las cosas, pero en la realidad las autoridades no lo interpretaron así, el Partido Comunista no lo interpretó así y fuimos separados del periódico. A veces había conversaciones y análisis en el diario, se hacían círculos de estudio, se mantenían las opiniones, analizábamos entre nosotros sin dificultad esas cosas. Hasta que parece

---

1. El proceso a la "microfacción" fue un supuesto complot denunciado por Fidel Castro en 1968 por el que aprovechó para fortalecer su control sobre el Partido Comunista de Cuba.

que las autoridades entendieron que era un peligro, que era algo nocivo que se discutieran las medidas del oficialismo y entonces nos quitaron del medio. Algunos de los que protestaron o de los que pidieron explicaciones finalmente fueron separados también del periódico, pero no todos fueron periodistas, fueron un archivero, un técnico de archivo, y otros trabajadores. Yo era reportera económica. Cuando me botaron inclusive fui a trabajar a la agricultura, y después trabajé un tiempito en un organismo de la agricultura como periodista en La Forestal, pero muy poco tiempo y luego ya más nada. Hasta me hice artesana para poder vivir, aprendí orfebrería y ahora me incorporé definitivamente a la prensa independiente. Formo parte de un grupo que funciona más o menos como una agencia, porque no tiene las características de una agencia de prensa como tal, porque no tenemos recursos, no tenemos un soporte económico, no tenemos nada de eso. Somos solamente personas que trabajamos la información, vamos a donde hay una denuncia social o un problema económico o político, e individualmente cada uno los enviamos al órgano de prensa para el cual trabajamos. En este caso *Cubanet*, o *Radio Martí*, o la revista *Encuentro*. El periodismo independiente empieza, nace con la violación de los derechos humanos del pueblo cubano, pero ya se ha convertido también en algo que denuncia todas las facetas de la vida de este país. También se ha nutrido por periodistas de los órganos oficiales que han sido separados por contradicciones políticas ideológicas de esos órganos y entonces se han incorporado a la prensa independiente."

Del mismo modo que Fara Armenteros, Jesús Álvarez Castillo también proviene de los medios de comunicación oficiales. Trabajaba en la principal radio de Morón, provincia de Ciego de Ávila.

"Yo tuve la oportunidad de ser locutor de radio. Una de las cosas fundamentales es que todo está politizado, todo gira en torno a la política y haciendo mucho hincapié en lo que es el sistema, el gobierno, la revolución, pensamientos de Fidel o Raúl. Redactaba el departamento de redacción que está controlado por el Departamento de Orientación Revolucionaria del Partido Comunista. Justamente yo no tenía condiciones, según ellos, para trabajar dentro de una prensa gubernamental por no ser militante de la Juventud o del Partido y entonces me dejaron fuera y entonces yo comencé a sentirme disgustado y uno de los propósitos fundamentales míos era el de tratar de intentar escapar de la isla. Nunca lo intenté ilegalmente. Comencé a hacer mis trámites legales para solicitar mi salida y bueno, en una ocasión fui encarcelado dos años por desacato a la figura del gobernante cubano, Fidel Castro, me sancionaron a dos años de cárcel, y cuando yo salgo bueno, en vez de reeducado, salí con otro perfil en contra del gobierno y con decisiones totalmente opositoras al régimen. El desacato fue en el año 91, es decir justo cuando comenzó el período especial en Cuba. Había una escasez inmensa en la vivienda, donde yo vivía con mi esposa, ahora estamos divorciados, y no teníamos con qué cocinar y algo enfadado. [...] Imagínese usted cómo estaría yo en ese momento y yo manifesté públicamente de que en Cuba el único culpable que había era Fidel Castro. Esa declaración no la hice por radio, sino que la hice públicamente en la calle, en una pizzería de aquí de mi pueblo de Morón, pero bueno, eso fue algo alarmante porque todo el mundo comenzó a escucharme, me hicieron un coro y en eso llegó la policía local y me introdujeron dentro del carro patrullero y fui llevado al cuartel general de la policía donde permanecí por espacio de 26 de días que ellos me ponen una fianza, yo salgo con una fianza para la calle y después me hicieron el juicio que se demoró seis meses más o menos, y bueno esa fue la sanción que me pidieron de cuatro años y el encierro fue de dos años. Yo no tenía pensado decir eso. A mí se me ocurrió en ese momento. En ese momento yo tenía previsto comprar pizza para la niña y pizza para mi mujer, y para mí, es decir teníamos nada que comer en la casa y ya. En ese momento, con la indignación que yo vi, que solo estaba trabajando una mesera disponible para tantas personas, yo calcule que eran las ocho de la noche, y calculé que a nosotros a las dos de la mañana no habíamos podido comer, y la niña estaba a los gritos y bueno, yo me enfadé y comencé a hacer públicamente manifestaciones en contra del gobierno y fundamentalmente en contra del presidente. Llevaba alrededor de dos horas más o menos esperando la pizza. Había bastantes personas, había alrededor de 50 o 60 personas pero había una sola mesa nada más, es decir para cuatro personas. [...] En la cola se encontraba presente un hombre, este hombre militaba en el partido y según después tuve información colaboraba para la policía. Es decir que este hombre era un trabajador simple, era un técnico en veterinaria y se encontraba con su esposa. Él estaba con su mujer presente en ese lugar cuando él decidió hablar con el administrador de la pizzería y llamar a la policía. Cuando yo fui detenido y me llevan para la policía, yo nunca lo vi a él. A él lo vi personalmente a la hora del juicio, cuando pasaron unos cuantos meses. Es decir que los únicos testigos que yo tenía en contra eran él y su esposa, más joven que él. Esta muchacha fue obligada por él a que firmara en un documento en blanco dentro de la policía como que ella iba a declarar lo mismo que él había declarado. Incluso después me entero por mi propia esposa que él la golpeó en la cara, le dio dos o tres bofetadas para que ella firmara porque ella decía 'deja a ese hombre tranquilo, lo vas a meter preso y ese hombre lo que dijo realmente fue verdad, no te metas en eso'. Al extremo que esta muchachita no la pude ver en el juicio porque ella se suicidó, justamente al otro día de haber firmado aquel papel que ella sabía que era una mentira, esa muchacha se suicidó, se pegó candela y acabó con su vida. Imagínese usted que ella obligada por ese hombre a que firmara el documento ese en la policía como testigo también porque bueno, supongo yo que un solo testigo no es nadie, porque de la calle no fue nadie a atestiguar aquello, nadie se ofreció a ser testigo de la policía, sólo él y su esposa que era la que iba a ir, pero ella al otro día de yo ser encerrado, ella se pegó candela y se quitó la vida. Hubo un solo testigo, él. Incluso el juicio fue suspendido en cinco ocasiones porque el nunca se presentaba al juicio. Cuando él lo hizo por sexta ocasión lo hizo arrestado por la policía. Es decir que la policía tenía un gran interés en que yo fuera sancionado. Yo pensé que incluso aquello iba a quedar así pero no, no quedó como yo pensaba. Fue nervioso al lugar, y declaró y dijo todo lo que yo había dicho públicamente. [...] Demoré un poco de tiempo en ir conociendo a algunas personas que pertenecían a grupos opositores. En aquel momento estaba muy flojo por aquí por esta zona, reprimía mucho, también a cualquier persona. Imagínese usted que yo sin pertenecer a ningún grupo, sólo por dar mi opinión, fui encarcelado, así que. Bueno, aquello no me fue fácil hasta que yo pude hacer contacto con grupos de la oposición. Yo era locutor en una emisora local de Morón, que lleva el nombre del pueblo, *Radio Morón*. Bueno, primeramente tuve que comenzar a adquirir experiencia sobre cómo se redactaba o se redacta una noticia ¿no? Y trabajaba un poco más fuerte porque no es lo mismo un periodista independiente que un disidente. Y la diferencia se la puedo decir: nosotros somos perseguidos, claro, pero no con la fuerza con la que se persigue a la disidencia. Todos tenemos presión policial pero no tanto como el disidente, porque el disidente en un momento determinado si tiene que enfrentarse en público en contra del régimen y que tenga que hacer críticas, o cualquier cosa, lo hace públicamente, pero nosotros los periodistas no, porque el estilo, el perfil de nosotros, los periodistas, es una cosa más seria, es informar, no es dar a conocer así tan directo como el disidente."

Al momento de redactar estos testimonios, Castillo tiene sobre sus espaldas una denuncia que podría llevarlo a la cárcel de tres a ocho años. Tras el episodio en que fueron presos varios periodistas independientes, él se negó a comparecer como testigo. Si esa negativa a testificar es considerada "simple" le corresponderá una multa, pero si el Tribunal la califica como "agravada" deberá ir preso.

## ÚLTIMAS NOTICIAS

**CONDENADO POR DESACATO A LA FIGURA DE FIDEL CASTRO JOVEN DE VILLA CLARA**
**25 DE ABRIL DEL 2003**

Santa Clara, (Prensa Independiente de Cuba / www.cubanet.org) - El joven Alain Ramón Gómez Ramos fue condenado a dos años de privación de libertad internado en un establecimiento correccional (granja de trabajos forzados) por expresarse en contra del "proceso revolucionario" y negarse a firmar los cambios a la Constitución.

El 6 de octubre de 2002, Gómez Ramos fue acusado de desacato a la figura de Fidel Castro. El pasado viernes fue citado al tribunal municipal donde se le ratificó la sentencia. "Pero no se me dio por escrito ningún papel –denuncia el joven–, ninguna certificación de sentencia. Esto significa que la persona vaya prácticamente sin identidad a cumplir su condena, y esto es una violación de los derechos humanos".

"He pedido por escrito que se pase a mi domicilio la certificación de sentencia", añadió Gómez Ramos. "Eso es lo justo. Pero se me ha negado. Sólo se me comunicó que tenía que presentarme el día 6 de mayo para empezar a cumplir la condena. Expresé entonces a las autoridades que no me iba a presentar en ningún lugar hasta que no tuviera mi certificación de sentencia, y que asumiría una actitud contestaria hacia el sistema y su máximo líder, porque no es justo que se me condene y no se me entregue un documento".

El "desacato" del cual se acusa a Gómez Ramos se originó en su casa, durante una discusión política con su padre, militante del Partido Comunista de Cuba. El joven manifestó que no estaba a favor del sistema debido a la corrupción imperante en el país. La discusión fue subiendo de tono, y Gómez Ramos, muy alterado, gritó: "¡Abajo Fidel! ¡Abajo el comunismo!"

Algunos fieles vecinos, oyentes de ocasión, se encargaron del resto.

## 10. El ojo público

Cuando Cuba sea democrática habrá una persona cuyo trabajo será considerado un tesoro nacional. Viejas y nuevas generaciones de cubanos lo verán como un espejo de una época triste y decisiva que determinó sus vidas. Es que la nueva prensa cubana tiene también su reportero gráfico. Se llama Omar Rodríguez Saludes, tiene 37 años, tres hijos y uno en camino. Sus fotos no se ven en Cuba y, la mayoría de las veces, ni él mismo puede verlas más allá del negativo. Las publican en el exterior, cuando no se las roban antes, *Cartas de Cuba* y *Nueva Prensa Cubana*. Esta es su historia.

### I

"Bueno, la fotografía siempre me ha gustado, a los inicios de los primeros años de los noventa yo por mi cuenta y riesgo comencé a tirar fotos, a sacar fotos, a tomar imágenes fundamentalmente en ciudad de La Habana del acontecer social y de lo cotidiano, en las calles, es decir, estos tiempos tan difíciles que estábamos pasando por toda la isla ¿no? Pero bueno, empecé a tirar fotos para tener como una especie de archivo. He perdido muchas de esas fotos porque la Seguridad del Estado me ha quitado buena parte de ellas. Negativos, los originales que es lo que yo guardo, y bueno comencé a trabajar ya dentro del *Buró de Prensa Independiente de Cuba* que se fundó el 5 de septiembre del 95, entré precisamente como reportero gráfico, y era el único que había en ese entonces y creo que hasta el momento, el único que existe, y creo que no hay otro pero ojalá me equivoque. Yo empiezo a formar parte de ese movimiento de la prensa independiente precisamente como reportero gráfico y empecé primeramente a lo que me dedicaba, a tirar fotos, no escribía en aquel entonces, yo sacaba las imágenes y les daba ideas a las personas que eran los que escribían con respecto a las fotos, a las imágenes que yo tenía y poco a poco también me fui adentrando a lo que es la noticia, el reportaje, y un día me dije bueno, en vez de llevarle la idea y describirle a los periodistas, pues yo también escribo y también comencé a escribir, pero lo fundamental mío fue esta entrada como reportero gráfico. Aprendí solo, en la calle, no he pasado por ningún tipo de escuela, el trabajo diario, la cotidianeidad y tener una cámara siempre encima fue lo que me ha ayudado mucho a tener un ojo óptico, un ojo público con respecto a las fotos.

## II

La primera cámara que tuve, no sé por dónde cayó a mis manos, sé que fue dentro de la familia, fue una cámara, hablando de los soviéticos, una cámara soviética bastante sencilla, una Smena que recuerdo que había que trastearla bien y tener un buen olfato fotográfico porque era un poco difícil, pero me salían muy buenas fotos ¿sabe? Y esa fue la primera cámara. Le estoy hablando que estaría yo en la secundaria o en el preuniversitario, allá a finales de los 70, inicios de los 80 y esa cámara me duró mucho tiempo. Después tuve una Zenit que la compré en la tienda, en las tiendas de acá, en pesos cubanos, en esa época no existían dólares. Cámara que fue la primera que me fue confiscada por la Seguridad del Estado y después gracias a la ayuda que me han dado algunos periodistas que han llegado acá, y que me han visto y han hablado conmigo, me han regalado algunas cámaras también y esas son las que yo conservo. A mí me cesantearon en el año 91 precisamente por reclamar mis derechos, yo trabajaba en la Empresa Nacional de Astilleros, radicaba en Casablanca. Allí, como la empresa esta empezó a traspasar la empresa a manos de una compañía extranjera empecé a protestar contra todas estas situaciones. Yo ya conocía a la disidente María Elena Cruz Varela, una poetisa cubana que sufrió cáncer y sufrió una represión violenta en noviembre de

1991, ya yo tenía una relación con ella, todo un vínculo con ella y también conocía a un sindicalista independiente que se llama Rafael Gutiérrez Santo que hoy radica en Estados Unidos. Y tenía ciertos vínculos con esa persona y me iba metiendo un poco a poco con el problema este de la disidencia, de los derechos ciudadanos, los derechos civiles, y poco a poco fui tomando esta experiencia hasta que, como le decía, en inicio de los 90 me expulsan de la empresa donde yo laboraba y quedo abandonado en este ámbito laboral. No se me permite trabajar más acá y sin ningún tipo de recursos, ningún tipo de amparo.

## III

Tuve que sobrevivir durante mucho tiempo, a pesar de que tenía y tengo todavía una familia, tenía en aquel entonces solamente un hijo, yo tengo tres ahora, pero en aquel entonces tenía al mayor solamente y me puse a sobrevivir, a vender productos ilícitos que buscaba yo en el campo, fundamentalmente viandas, algunas frutas que tenía que traer yo en bicicleta acá a La Habana y correr yo ese riesgo ¿no? Principalmente huevos, frijoles, plátanos. Iba al campo, a un poblado a más de 50 kilómetros del lugar donde yo resido, en bicicleta con un cajón detrás donde ponía los productos. Y bueno, ir esquivando también a la policía porque si me paraban, bueno, lo que le contaba ¿no? Me decomisaban todo y bueno no sé, por suerte nunca me sucedió nada. Fueron tiempos muy difíciles porque había que sufrir todo este tipo de tensión y de situaciones totalmente adversas para poder mal comer y mal vivir, y sobrevivir a esta circunstancia. Que es uno de los principales castigos que usa el régimen cubano contra los que protestan contra sus normas: es expulsarte del trabajo y dejarte desempleado sin ningún tipo de recursos y ver cómo te las resuelves y si te cojo vendiendo algún producto ilícito no te detengo, ni te meto preso como político, sino como un vulgar delincuente que vende productos por la izquierda en bolsas negras. Pero bueno, no tuve otro remedio, tuve que coger ese riesgo y durante muchos años estuve vendiendo cosas en la calle, vendiendo muchas de mis propiedades pero bueno, nunca dejé y nunca me separé de lo que es la disidencia, de buscar los derechos, de buscar las posibilidades y de lograr una restitución del proceso democrático aquí en la isla. Siempre me mantuve en esta línea hasta que finalmente entré aquí, como decía, en el *Buró de Prensa Independiente de Cuba* en el año 95 y bueno, más o menos, brevemente, eso fue mi tiempo laboral en esos años.

## IV

La foto yo nunca la abandoné a pesar de los pocos recursos que tenía y que aún tengo, pero bueno, siempre he tratado de tener mi cámara con rollo. A los inicios de los 90 era muy difícil conseguir un rollo acá porque no había manera de conseguirlo porque en aquel entonces todavía existía la penalización del dólar y no existían estas tiendas que existen hoy día donde se venden rollos. Aquí los únicos rollos que venían eran los que procedían del campo socialista, que eran producción rusa o alemana, no lo recuerdo bien, pero bueno, siempre traté de tener un rollo en mi cámara. También mis hermanos, uno que vive en Alemania y otro en Rusia, fundamentalmente el de Alemania me ayudó mucho con este problema de rollo. De vez en cuando me mandaba algún que otro rollo fotográfico hasta que bueno, hasta que se empezaron a abrir, después de que se despenalizó el dólar en el año 93, empezaron a surgir estas tiendas dolarizadas, y abrieron también estudios fotográficos que bueno, hasta hoy día duran, que venden rollos bastante caros pero bueno, por lo menos lo venden. Al principio revelaba a través de amistades ¿no? Ahora revelo en los mismos estudios del Estado cubano, en los estudios dolarizados, pero solamente revelo, nunca imprimo, porque yo monté un estudio donde solamente lo único que tengo es una cámara, por cierto una Pentax, pero bueno, solamente el revelado y desgraciadamente yo tengo miles de fotos y

El ojo público | 125

tan siquiera he visto la imagen impresa que no llegan a 50 o 70 fotos que yo he podido ver. Quiere decir que ha sido muy difícil para mí tener que aceptar esto, tirar la foto, sacar la imagen, ver la calle, y luego no ver el trabajo terminado, solamente conformarme con verlo en el negativo. Se los mando a la página de la *Nueva Prensa Cubana* que es en la cual yo trabajo, que es la señora Nancy Pérez Crespo que radica en Miami, y eso es porque aquí no hay seguridad para tener esos negativos acá y es un riesgo, yo aquí ya he perdido más de, cálculo, trescientos cuadros fotográficos producto de bueno, de complicaciones, y por parte de la Seguridad del Estado, yo he perdido tres cámaras ya en este trabajo y me han quitado muchos rollos también.

## V

El objetivo mío es hacerle recordar al pueblo cubano y a todos los que vean estas imágenes, es recordarles el tiempo que pasaron, los tiempos tan difíciles ¿no? De destrucción, y se puede decir hasta de desolación personal, que es lo que yo trato de enmarcar, plasmar en esas fotos, en esas imágenes. Es parar el tiempo un instante, lo que yo vea en las imágenes que se me presenta, un momento determinado, porque las imágenes uno no las busca, sino que se le presentan a uno, es como una inspiración, por eso la cámara siempre debe estar conmigo y es el concepto que yo tengo. Siempre adonde quiera que yo vaya y en cualquier momento tiene que estar conmigo porque no sé cuándo se me puede presentar la imagen. La doble moral es difícil de fotografiar, pero es muy evidente verlo, habría que estar aquí en Cuba para poderlo palpar. Yo no lo catalogaría como una doble moral porque estaría engrandeciendo un poco esa palabra que es la moral. Yo diría que es la inmoralidad que existe aquí dentro de la población cubana. Aceptan cosas, ellos convencidos están que no sirven y dicen que sí a lo que piensan que no o viceversa, quiere decir que están aceptando situaciones que ellos en sus mentes, en lo más profundo de su ser, de su alma, las rescatan, pero producto de esta inmoralidad que ha corroído, que ha corrompido a toda la sociedad cubana, existe esta situación tan difícil de comprender y entender para muchas personas. [...] Los límites primeramente es la precaución. Para tirar una foto hay que... ya he perdido un poco a ese policía, lo he perdido bastante pero todavía algo me queda, y yo aún para poder tomar una imagen siempre me cuido, siempre vigilo, siempre miro a todos los contornos, a todos los lados para evitar cualquier tipo de llamado, de problema, fundamentalmente con la policía uniformada que abunda bastante en ciudad de La Habana y no solamente de la policía sino algunas personas que apoyen al sistema, pero ya para tomar una imagen en La Habana, ya... no voy a decir que me resulta fácil pero tampoco difícil ¿no? Solamente tener precaución es todo lo que aconsejo ¿no?

**VI**

Nunca he podido fotografiar a Fidel. Y pienso que en algún momento se me dará esa oportunidad pero me resultaría difícil sacar la cámara, no por mi intención, sino porque no se me permitiría a no ser que esté acreditado como periodista dentro del contorno, pienso que sería difícil pero si se me diera esa posibilidad, cómo que no, también lo haría. Le es más fácil, y le es mucho más fácil, tomar una imagen, hacer fotos a un turista que a un cubano, inclusive yo he tenido esa experiencia. Yo estaba al lado de turistas extranjeros casualmente, y he visto alguna imagen, algo para fotografiar en la calle con personas, cosas vivas, elementos vivos y había un turista retratando a esa persona y la persona posa prácticamente para el turista y sin embargo he venido yo atrás de ese turista a tratar de tomarle la misma imagen y no la he podido coger, porque se ahuyenta la persona o me cuestiona para qué yo quiero la foto, porque a la vez ven que soy cubano, siempre existe esa duda de quién es esta persona, ¿será de la policía?, ¿para qué querrá la foto esa? Y es así, yo he tenido la desgracia de perder muchos cuadros precisamente por eso, por esta inseguridad, por este miedo de las personas que le posan y prefieren posarle a un extranjero y no a un cubano. Yo saco fotos a policías pero escondido, han tenido que ser fotos muy rápidas, sin demorarme mucho, pero también es peligroso tomar una foto de un policía porque aquí todas estas imágenes. [...] Inclusive se me ha calificado en una oportunidad por parte de oficiales de Seguridad del Estado, se me ha calificado de propaganda enemiga, hasta por un trabajo se puede ser condenado y enjuiciado y por eso lo que es la policía e inclusive unidades militares esos son puntos bien difíciles. Porque a la policía ellos la consideran como zona de seguridad, zona exclusiva. Inclusive no a policías, sino en lugares turísticos ¿no?

## VII

Yo como cubano voy a un lugar turístico y me pongo a tirar fotos y se me puede cuestionar. Eso me ocurrió en una ocasión en La Habana Vieja, en el año 99, un lugar donde transitan muchos turistas y yo quería tener una imagen, por eso del contraste del cubano con extranjeros y nada, un policía me paró y poco más, si no le llego a explicar y a irme por debajo para que finalmente no me detuvieran, sino me hubiese llevado a la unidad, pero bueno, felizmente... Incluso ese propio policía me dio los motivos, porque le digo: '¿Por qué?', 'porque no puede tirar fotos, aquí los cubanos no pueden ni transitar ni tirar fotos', dos palabras realmente increíbles pero fue lo que me dijeron, así que nada, hay más derechos para los turistas a tirar fotos a lo que le da la gana y yo como cubano que me da la gana de hacerlo no lo puedo hacer. El problema es también una cosa extraña y le es difícil creer a los cubanos, a los que están aquí dentro, que un cubano esté tirando fotos en la calle, primeramente se dicen 'bueno, para qué la quiere', y en segundo lugar 'bueno, y este tipo será turista, será extranjero o de donde saca su dinero para tirar fotos en la calle'. Eso es algo que el cubano dentro de la isla no lo concibe bien, no es lo mismo que por ejemplo en otro país, como Argentina, en que por ejemplo todo el mundo tiene cámara y todo el mundo tira fotos donde quiera. Aquí no, aquí, ni mucha gente tiene cámara ni mucha gente tiene esa posibilidad de andar tirando fotos continuamente. Saqué una foto en un acto de repudio que se hizo contra un grupo de disidentes que fueron a apoyar en un tribunal de aquí de La Habana a un disidente que lo iban a procesar ese día, entonces la propia Seguridad del Estado creó un ambiente y preparó a unas especies de tropas de choques contra estos disidentes y se formó un disturbio, una confrontación entre disidencia y partidarios del gobierno y yo estaba en el medio, con mi micrófono, mi grabadora, grabando ambos lados, y también con la cámara, fue un momento tenso para mí porque estaba yo en el medio rodeado de todo ese ambiente, inclusive hasta de la policía. Saqué la foto y también un reportaje grabado.

## VIII

El régimen tiene un control total y nadie se puede exceder de los límites que se le impongan. Los corresponsales extranjeros, en cierta forma, están más liberados y pueden abarcar un poco más de espacio, pero tienen que tener un límite y de allí no se pueden pasar, aunque ellos creo que están haciendo una labor muy favorable, bastante positiva y beneficiosa para toda la comunidad cubana porque bueno, ellos pueden ir un poco más y hacer llegar sus noticias un poco más al contexto internacional de lo que ocurre en Cuba. Nosotros, la tendencia nuestra es esa, hacer llegar a la comunidad internacional lo que sucede aquí en Cuba pero fundamentalmente queremos revertir a los cubanos cosa que nos es mucho más difícil, pero bueno, la prensa internacional por su parte hace un papel positivo, e inclusive las quejas de Fidel Castro se pudieron escuchar, hace poco, el domingo pasado, el día 19 de enero cuando un corresponsal de *Reuters* le preguntó precisamente sobre el Proyecto Varela[1] y Fidel Castro molesto le respondió a ese corresponsal e inclusive calificando a la prensa, poniéndole calificativos y amenazando a la prensa extranjera por el trabajo que ellos realizan acá. Que yo conozca no sé, por lo menos yo personalmente no conozco de corresponsales extranjeros que hayan sido expulsados por tomar algún tipo de imagen o algún tipo de foto, pero sí pienso que ha habido muchos camarógrafos, fotógrafos que hayan hecho algún tipo de trabajo, para llamarlo de cierta forma, semiclandestino o clandestino fotográfico de acá, de la isla, y que después de la foto evidentemente el gobierno nunca le va a permitir la entrada nuevamente pero que se haya generado un escándalo con reporteros fotógrafos dentro de la isla, por lo menos yo desconozco.

## IX

Nunca hemos tropezado con los fotógrafos de la prensa oficial, y no hemos tenido ningún tipo de contacto. Dentro de Cuba ha habido y hay una buena generación de fotógrafos y maestros inclusive, y con ellos yo puedo aprender, porque como le dije yo no pasé por ningún tipo de escuela, yo no era ni medianamente profesional pero bueno, pienso que sí, que dentro de la fotografía cubana hay excelentes fotógrafos y excelentes maestros. Lo que se encuentran son estas limitaciones que le narraba, tanto las materiales como las económicas, como limitaciones por parte de la postura política. Las fotos que yo veo en la prensa oficial no me gustan. No, son fotos preconcebidas, son fotos acorde con el texto. Son fotos rebuscadas, son fotos que realmente son para ilustrar un poco la propaganda que se dice pero no

---

1. Proyecto Varela. Recolección masiva de firmas para convocar a un referéndum que decida por una reforma constitucional que conceda a los cubanos una amnistía política, los derechos civiles y políticos, y la posibilidad de emprender negocios privados. El redactor de este proyecto fue Osvaldo Payá.

pienso que sean fotos que digan algo ¿no? Y si dicen algo es para el texto que se está desarrollando en las páginas, en las cortas páginas de *Granma*, pero no. Pero sí le digo una cosa, que hay exposiciones de estos fotógrafos y he visto varias exposiciones de fotógrafos cubanos, si hay disposición y voluntad de hacer buenas fotos las hacen, porque si hay algo bueno en La Habana es que está llena de imágenes. La Habana está llena de lugares donde se pueda plasmar y obtener una buena imagen, eso es lo que yo trato de aprovechar y sacar lo máximo posible, porque el gobierno y hablando de los fotógrafos del *Granma*, siempre tratan de sacar lo mejor, lo que el gobierno quiere que se vea, que se divulgue y que se conozca. Pero no sacan lo que uno vive diariamente, este sufrimiento, esta sumisión, estas situaciones negativas, sociales, ambientales y morales de la sociedad cubana ¿no? Y eso sería bueno también que lo hicieran, que lo plasmaran y lo guardaran para un futuro de aquí a diez años, veinte años, cuando no sé qué tiempo pase en que la sociedad cubana progrese más, tenga más posibilidades y que se olvide un poco de estos tiempos y recordarle estos momentos porque son tiempos muy difíciles, muy penosos y sería terrible que olvidáramos estos tiempos y por eso estas imágenes que yo tengo es para hacerles recordar un poco, de aquí a un tiempo, estos tiempos que estamos viviendo. Han surgido algunas personas que han tratado de hacer este trabajo pero se encuentran con una realidad, el costo de todo... Todas estas fotos las he tenido que sufragar yo, y son muy caras y por más que quiera ahorrar, siempre gasto mucho en un rollo fotográfico, el que yo utilizo, el que he utilizado normalmente me cuesta acá alrededor de tres dólares, 3,20 ó 3,15 y fluctúa mucho el precio pero alrededor de los tres dólares se mantiene y eso para los cubanos... A lo mejor en Argentina no significa nada pero para un cubano significan en la actualidad 75 pesos cubanos y eso significa más de una semana de trabajo y eso significa mucho dinero, por eso le decía, han tratado de surgir muchas personas, no dentro de la prensa independiente para hacer fotografías en la calle pero se han encontrado con esta realidad y no solamente en el rollo, sino también el revelado que cuesta 1 dólar, es decir que alrededor de todo son cuatro dólares y es muy difícil pero como he dicho yo, a veces me he encontrado en situaciones difíciles, bueno, en realidad la mayoría de las veces en términos económicos pero yo no puedo dejar la cámara sin rollo porque me duele y sufro cuando veo una imagen y no la puedo obtener por esta situación y prefiero tener siempre cargada con un negativo, aunque sea malo pero es un negativo que por lo menos puede captar y plasmar esa imagen. Este trabajo es muy difícil porque no puedo tener esa valoración para poder comparar y desarrollar mejor mi trabajo porque es muy difícil, es como estar mirando en la oscuridad, como si estuviera mirando un invidente o una persona que no vea, pero bueno gracias al tiempo y a la paciencia y a la voluntad mía de tomar una imagen pienso que he desarrollado bastante lo que es la fotografía y he enriquecido un poco más el trabajo."

La última detención que sufrió Omar antes de esta entrevista fue en enero de 2002, cuando iba a cubrir una reunión entre disidentes y un funcionario español. Pero él sabía que ésa, seguramente, no sería la última vez.

## Últimas noticias

**CUBA CASTIGA DISIDENTES CON PRISIÓN**
**FISCALES LOS ACUSAN DE COLABORAR CON LOS DIPLOMÁTICOS ESTADOUNIDENSES**
**MARTES, 8 DE ABRIL DEL 2003, EN THE MIAMI HERALD.**

Por Nancy San Martin. (Nsanmartin@Herald.Com)
En un intento por sofocar el creciente movimiento opositor, el gobierno de Fidel Castro sentenció el lunes a varios de los más prominentes críticos de su

régimen a penas hasta de 27 años de prisión alegando que colaboraban con diplomáticos estadounidenses para socavar el sistema socialista. Al menos 43 de los acusados fueron sentenciados el lunes en la culminación de un proceso torbellino de arresto, juicio, fallo y castigo que comenzó apenas hace tres semanas con una serie de detenciones [...] Una lista de las sentencias confirmada por la no gubernamental Comisión Cubana de Derechos Humanos y Reconciliación Nacional, en La Habana, mostró que el castigo más severo hasta ahora fue de 27 años de cárcel para el periodista independiente Omar Rodríguez Saludes. Una figura familiar en la comunidad de la disidencia, Rodríguez Saludes habitualmente iba en su bicicleta a las conferencias de prensa, con una cámara colgando con una cuerda de su cuello. Se espera que los juicios pendientes terminen pronto, y que todas las sentencias sean anunciadas antes del fin de semana.

## 11. Mujeres periodistas

Las mujeres del nuevo periodismo cubano son de todas las edades, orígenes sociales, colores, ciudades y profesiones. Algunas estudiaron para ser enfermeras, médicas o bailarinas, y otras sólo hicieron periodismo Están las más veteranas como María Elena Alpízar, Tania Quintero, Isabel Rey Rodríguez o Fara Armenteros, y las más jóvenes como Claudia Márquez o Mirley Delgado Bombino. Mirley tiene 33 años y nació en un "pueblo cautivo", aquellos lugares donde residían los perseguidos.

"Yo comencé primeramente a trabajar en el año 2000 en la Fundación Cubana de Derechos Humanos y de ahí, después formamos la *Agencia de Prensa Libre Avileña* junto con Lexter en periodismo, en Ciego de Ávila. Eso fue hace un año. Nosotros fundamos la agencia el 10 de octubre de 2001. Así fue como comenzamos el periodismo, tanto Lexter como yo. Bueno, comencé a expresar una disidencia pública desde hace muchos años porque mi padre es un ex preso político. Mi papá, Orlando Delgado Concepción, él se encuentra en estos momentos en el exilio. Prácticamente desde el colegio, lo que no había encontrado, los grupos no gubernamentales como se dice aquí en Cuba, como lo que era la Fundación, nunca me había podido vincular con ellos porque yo me mantuve casi todo el tiempo estudiando, yo soy enfermera pediatra y prácticamente estaba muy lejos de aquí y cursé mis estudios en otra provincia y bueno, hasta que junto con Lexter en abril del año 2000 la policía política de Ciego de Ávila nos acusa a nosotros por una posible salida ilegal y entonces nos metieron aquí en la sede de la policía política, en calabozos, estuvimos varias horas, incluso a Lexter lo golpearon y estuvo cinco días detenido y de ahí nosotros comenzamos a buscar, a tratar de encontrarnos donde se encontraba la gente de la Fundación Cubana de Derechos Humanos, hasta que dimos con Juan Carlos, el presidente de la Fundación Cubana de Derechos Humanos. Juan Carlos González Leiva, el invidente que en estos momentos está detenido también, desde el 4 de marzo [2002], y entonces nos acercamos a él y así fue cuando nosotros comenzamos a trabajar junto a ellos en la disidencia. Se hace muy difícil estudiar siendo una disidente porque prácticamente se excluye mucho a uno. Aquí hay una fila que se llama la Unión de Jóvenes Comunistas. Entonces los hijos de estos presos políticos ninguno tiene derecho a estar dentro de esas filas, por supuesto porque son hijos de presos políticos, entonces se nos censura mucho y casi prácticamente la vida se hace imposible para esa serie de personas. Yo soy de los llamados pueblos cautivos, que nos desalojaron de las provincias donde nosotros vivíamos y nos mandaron para lo que fue un pueblo cautivo de aquí de la provincia de Ciego de Ávila, donde están recluidos todos esos ex presos políticos, que cumplieron su condena pero que todavía están recluidos en esos pueblos. Ellos pueden salir a visitar a sus familias, al exilio, pero por ejemplo, irse ellos de allí para otra provincia de aquí de Cuba, no se lo permiten, tiene que ser o el exilio o quedarse allí en ese pueblo. No tienen derecho a regresar a sus lugares de orígenes, a sus provincias de orígenes. Yo soy una de ellas. Yo ahora me encuentro en Ciego de Ávila, pues cuando mis padres se fueron el 8 de agosto del 2000 a Estados Unidos, me desalojaron de mi vivienda que yo compartía con mis padres desde hacía 27 años, fui desalojada y tuve que venir para la casa de mi única hermana, aquí en Ciego de Ávila, que es donde me encuentro."

Mirley es uno de los pocos casos de periodistas libres de Cuba que conservan su lugar de trabajo:

"Yo trabajo como enfermera hace dieciséis años. En un consultorio de médico de las familias. Es un consultorio independiente de lo que es un policlínico o un hospital, y aunque la policía política en varias ocasiones me ha molestado diciendo que ellos me pueden sacar de mi centro de trabajo donde yo llevo dieciséis años ejerciendo mi profesión, porque dicen que yo no soy confiable, no me han sacado porque aquí en Cuba se están haciendo las escuelas emergentes de enfermería, porque hay mucha falta de ese personal aquí en este país, entonces por eso es que prácticamente no me han sacado a mí de mi profesión, sino me hubieran sacado hacía rato. En el sector salud el personal está bien preparado, pero hay muy pocas condiciones, las condiciones son mínimas. Muy poco personal de enfermería porque por un motivo o por otro han pedido la baja, se han ido, han pedido la liberación al ministro, hay mucho descontento, mucho descontento en lo que es los médicos y las enfermeras, se paga muy poco, una serie de cosas enormes, no hay condiciones para trabajar, estamos trabajando prácticamente con las mínimas condiciones. Me gusta el periodismo, a mí siempre me gustó el periodismo y no pude comenzar a estudiar periodismo porque nunca tuve la ventaja esa, porque ya le digo, yo era hija de un ex preso político y para ser periodista aquí, lo que es de la radio o de la televisión, tiene que ser intachable y no tener ningún tipo de familia que tenga problemas políticos. Y bueno, nunca pude ejercer... aunque yo amo mucho mi profesión de enfermera, me gusta mi profesión, pero me gusta mucho el periodismo."

## ÚLTIMAS NOTICIAS

**GOLPEAN Y ARRESTAN A DOS PERIODISTAS INDEPENDIENTES EN CIEGO DE ÁVILA**
**1 DE MARZO DEL 2002**

Camagüey, (Normando Hernández, CPIC / www.cubanet.org) - Los periodistas independientes cubanos Lexter Téllez Castro y Carlos Brizuela Yera están arrestados desde las 4 y 50 de la madrugada de hoy, luego que agentes de la policía política los golpearon y se los llevaron con rumbo desconocido.

La detención se produjo en la vivienda de Téllez Castro, ubicada en Eduardo Mármol #130 entre Simón Reyes y Maceo, en la ciudad Ciego de Ávila.

A esa hora de la madrugada el domicilio de Téllez Castro fue sitiado por un operativo en el cual intervinieron agentes de la Seguridad del Estado (DSE) auxiliados por miembros de la Policía Nacional Revolucionaria (PNR).

"A los dos los golpearon en la cara y otras partes del cuerpo. Carlos Brizuela Yera iba con la camisa destrozada cuando lo introdujeron a empujones en el carro" –informó Hildelisa Castro Campos, madre de Téllez Castro.

Un vecino de la familia Téllez Castro, que pidió no ser identificado, reveló que a la señora Castro Campos también la agredieron los agentes del DSE.

"Cuando se llevaban a su hijo y a su compañero, ella comenzó a gritar '¡Asesinos! ¡Abusadores!' y varios policías le apretaron el cuello y le taparon la boca, al parecer para que no se despertaran los residentes de la zona" –precisó la fuente.

La casa del periodista independiente permaneció sitiada hasta las siete y pico de la mañana cuando los agentes policiacos terminaron de hacer un registro y se llevaron el archivo de Téllez Castro, libros, lecciones de periodismo de la Universidad Internacional de la Florida, dos agendas con direcciones y números de teléfonos de sus fuentes, nueve cassettes con música grabada y el carné de identidad del reportero.

"Un oficial de la policía política que dijo llamarse Tony, que parecía estar a cargo del operativo, me dijo que no iba a liberar ni a mi hijo ni a Carlos Brizuela, y que ambos afrontarían serios problemas" –apuntó la señora Castro Campos.

Según versiones no confirmadas, ambos reporteros podrían estar encerrados en los calabozos de la estación de instrucción policial de Ciego de Ávila.

Lexter Téllez Castro, de 27 años, es el director de la Agencia de Prensa Libre Avileña (APLA), mientras que Carlos Brizuela Yera, de 29 años, es reportero del Colegio de Periodistas Independientes de Camagüey (CPIC), región de donde es natural.

## 12. Descubrir el periodismo

El crecimiento del periodismo libre en Cuba es algo más que el producto de rupturas políticas, también se trata de rupturas profesionales. Varios hombres y mujeres no sólo encuentran una forma de ejercer su libertad, sino una nueva profesión. Si habían estudiado enfermería, abogacía, medicina, economía, geografía o física, ahora, además de adoptar una actitud disidente, abrazan una nueva vocación profesional, el periodismo. Escribió Raúl Rivero:

> "Hace unos días, un hombre que venía de otra esfera y es hoy uno de los más destacados periodistas independientes de Cuba, me contó que el día que vio publicado su primer trabajo en un medio de prensa en el exterior no corrió a un bar a celebrarlo con unos amigos. No. Se metió en una venta de libros viejos y compró un manual de periodismo, escrito por un mexicano de estirpe marxista, pero impecable técnicamente, y fue para su casa aterrorizado a estudiar porque, dijo, 'supe enseguida la responsabilidad que se me echaba encima'."[1]

Una de las peores tentaciones del periodismo independiente consiste en convertirse en la contracara perfecta del periodismo oficial, en el que una densa trama discursiva unidireccional reemplaza al contenido informativo. Así como el *Granma* o *Juventud Rebelde* se dedican a aclamar al gobierno, la nueva prensa cubana también puede caer en la glorificación de la sociedad civil cubana, perdiendo los matices, exagerando las virtudes, silenciando las diferencias, en fin, construyendo el mismo tipo de estatuas de mármol que levanta la

---

1. Rivero, Raúl, "Periodismo independiente cubano: el frágil equilibrio entre la audacia y la picardía", *Pulso del Periodismo*, Universidad Internacional de la Florida.

prensa oficial, pero a los disidentes. Rivero escribió que "el público cubano está saturado de ese discurso, la gente no quiere escuchar consignas, ni fórmulas. Quiere propuestas razonables, información abierta, transparencia, elementos para llegar a conclusiones propias". Algo sobre lo que hay creciente consenso entre los periodistas libres es en moderar el lenguaje para distinguirse de la prensa oficial, para ser más profesional y para protegerse. Un ejemplo es la forma en que mencionan al poder. Omar Ruiz, de Santa Clara, se refiere al "gobernante Castro", pues no quiere concederle el *status* de presidente pero tampoco desea incurrir en la figura de desacato. María Elena Alpízar se niega a hablar de "gobierno cubano" y prefiere referirse al "régimen". No lo puede llamar "dictadura" pues podría terminar con varios años de cárcel, y lo nombra como el "régimen castrista" o el "régimen castro-comunista". Se trata de usar un "lenguaje sobrio, sin estridencias, ni insultos, que les permita seguir trabajando en el mínimo espacio que se ha conquistado", como pide Rivero a los periodistas de su agencia. Y contener la bronca.

Tanto Rivero como González Alfonso escribieron que entre el movimiento del periodismo independiente hay quienes tienen objetivos que perjudican al resto. Se refiere a los que quieren forzar su salida de la isla haciéndose pasar por refugiados políticos y los que usan la prensa como pura herramienta para promover grupos partidistas. Rivero escribió en el año 2000 que "usar un movimiento que surgió acusado y en penurias, y que se mantiene bajo un ataque permanente de las autoridades, para resolver su conflicto personal o familiar me parece un exceso". Uno de los más críticos sobre la calidad del periodismo independiente es Néstor Baguer, uno de los padres fundadores de este nuevo movimiento profesional y político:

"Bueno, yo creo que en la prensa independiente en el 91 éramos unos pocos pioneros y después del 95 empiezan a aparecer otras agencias de prensa hasta en provincias, pero el final del problema que tiene la prensa independiente cubana es la falta de cultura porque lo que hacen es... Por ejemplo en Pinar del Río, una ciudad provinciana, un señor dice 'hay que bonito quiero ser periodista', y pone una agencia y empieza a escribir sin saber lo que es la redacción, sin suficiente conocimiento del idioma ni de la técnica periodística, entonces lo único que hace para que se lo compren en Estados Unidos es hablar de los asesinatos, de los crímenes. A mí precisamente me llaman hace unos días atrás, desde Bayamón en oriente: 'mire profesor –porque todos me dicen profesor– queremos darle una noticia para que sea publicada en su columna', 'bueno, dime cómo es la cosa', y dice 'aquí en Bayamón en la esquina de tal calle hay en este momento cien mil personas protestando porque están haciendo un desalojo a una familia cubana de su casa', y bueno, digo, 'vamos por parte, en Bayamón en la ciudad completa no hay cien mil personas, menos pueden haber en una esquina y segundo porque es ilegal', y dice 'porque es una familia que uno es muy amigo y una es de Bayamón y otra es de Manzanillo y quisieron cambiar sus casas', y digo 'hicieron lo que indica la ley para eso que se llama permuta', 'no, no porque no quisieron meter al gobierno en esto', y digo 'entonces no hay nada ilegal ahí, hay una orden de un juez diciéndole a la policía que hay una familia ahí que tiene que ir a su lugar de origen y además es una mentira que haya cien mil personas en una esquina en Bayamón, no se la puede creer nadie', y me dice 'bueno pero eso es para que la gente vea el apoyo que tiene la disidencia', y le digo 'mira, ya estoy bastante cansado y llevo muchos años en esto, en Cuba hay actualmente más de sesenta agrupaciones disidentes pero cuántos, por ejemplo los trabajadores'. [...] Yo estaba hablando con un líder sindical y me dice 'no, porque nuestro sindicato tiene más de dos mil afiliados', y digo 'tu sindicato es el gastronómico y por qué no hace una huelga aunque sea en una cafetería, que un día esa cafetería aparezca cerrada porque dice estamos en huelga, es que ustedes no tienen ni siquiera cinco en un centro de trabajo que estén dispuestos a ir a la huelga', esa es la verdad, ustedes son fantasmas que viven simplemente porque cada vez que se crea un pequeño partido o un pequeño sindicato inmediatamente reciben dinero de los grupos políticos de Estados Unidos, de la gente de Bush y sus acólitos y el gran problema por el que cada día este gobierno se fortalezca más es porque no hay deseo de sacrificio en la causa del obrero, todo el mundo quiere ser cabeza de león y nadie quiere ser cola y todo el mundo lo que le interesa es recibir veinte dólares, o treinta dólares, o cuarenta todos los meses y ya son disidentes y tienen una organización, son organizaciones fantasmas porque no se unen, todo el mundo quiere ser futuro presidente, mientras no haya unión entre la disidencia no puede haber nada porque simplemente no tienen fuerzas para... Porque cuando me dicen 'no, cómo una huelga', yo les digo 'óigame, usted recuerda Polonia, allí lo desapareció la clase obrera con huelgas, pero ellos tenían fuerza, con obreros y con huelgas, pero ustedes no hacen nada de eso'."

La mayoría de los periodistas que conocí tenían una enorme aspiración de alcanzar profesionalidad. Hay varios periodistas que están haciendo cursos por correspondencia con la Universidad Internacional de la Florida. Además, algunas embajadas se encargan de difundir libros de periodismo en la isla y están mejorando las bibliotecas de los nuevos periodistas. Las asociaciones que los agrupan están haciendo mucho hincapié en la capacitación. He presenciado cursos de video dados en La Habana a tres o cuatro periodistas. La *Sociedad Profesional Márquez Sterling* está especialmente dedicada a profesionalizar el periodismo cubano haciendo cursos. Ahora están preparando clases por video para que circulen por la isla, pues el régimen impide ejercer la libertad de enseñanza. En octubre de 2001 y en marzo de 2002, esta sociedad profesional quiso dar cursos a sus miembros y sufrió la interferencia estatal. Interceptaban a periodistas que iban a los cursos, no los dejaban salir de sus casas, uno de ellos fue detenido e interrogado sobre la sociedad profesional. La comunidad del periodismo independiente se está convirtiendo, poco a poco, en un incipiente interlocutor de la comunidad de periodistas profesionales del mundo, de la que sus colegas de la prensa oficial no participan. Manuel David Orrio dirige la otra organización que agrupa a los periodistas independientes en Cuba. Se llama *Federación de Periodistas de Cuba* (FEPEC). Orrio redacta y lee sus notas en *Radio Martí*, envía sus textos a *Cubanet*, colabora con la revista *Cartas de Cuba* y con otros medios de América Latina. Dice Orrio:

> "Hay una serie de puntos a lo largo del tiempo, independientemente de estilos personales o en cuanto a la manera de hacer periodismo, incluso hasta la manera de dirigir una agencia, pero evidentemente han ido surgiendo determinados elementos comunes que yo ubico personalmente en tres o cuatro grandes problemas. Uno es el de la ética, es decir, hay un fuerte interés en todo grupo de periodistas dentro de Cuba por la ética profesional, al mismo tiempo es importante destacar que hay otro grupo de periodistas que está estudiando cursos a distancia en universidades norteamericanas. Segundo tema es el de la superación profesional. Tercer tema, está el de cómo allegar recursos para poder ejercer el oficio de una manera más o menos decente. Mire, si yo me presento en Buenos Aires con la máquina de escribir Remington 1939 con la cual yo he escrito desde que empecé hasta ahora, estoy seguro que si voy a una subasta voy a hacer una fortunita vendiéndola como pieza de museo. Es probable y yo he hecho mi carrera periodística con una máquina de escribir Remington de 1939. Este ha sido un tema que poco a poco ha ido avanzando, ya hoy tenemos más medios, trabajamos con fax, algunos tienen computadoras. Cuando digo computadoras estoy hablando de equipos antediluvianos pero computadoras al fin, y se ha ido un poco creando esa situación y creo

que esos son los grandes problemas que han ido surgiendo dentro del periodismo independiente que además son los problemas que preocupan y ocupan a una masa crítica que también se ha ido formando, que tiene aspiración a hacer periodismo, no a migrar del país. Hay varios que están haciendo cursos a distancia de universidades de Estados Unidos. Se usa el correo, el fax, el correo electrónico, se ha usado lo que se ha podido. Poco a poco, un pequeño grupo está avanzando en esa dirección. No muchos en realidad, es un tema que se tiene que revisar y que se tiene que analizar, pero es un hecho incuestionable en este momento de esos cien, alrededor de diez periodistas, tengo entendido, no estoy muy seguro de la cifra, han ido venciendo etapas del curso, en mayor y menor medida, y están superándose. Nosotros en este momento estamos en una fase de preparación de los cursos. Incluso se está impartiendo para un pequeño grupo, un curso de video, como una cosa muy experimental porque bueno, ya sí se dio la posibilidad de adquirir algunas cámaras de video, se están haciendo algunos trabajos de video muy iniciales, muy experimentales, yo diría trabajo de adiestramiento, pero en realidad se está abordando esa posibilidad y por lo tanto hemos pensado en ese asunto y los que lo están haciendo nos estamos superando en esa dirección."

Ricardo González Alfonso, presidente de la *Sociedad Profesional Márquez Sterling*, sostiene:

"El nivel profesional no es parejo. Están desde profesionales con veinte y treinta años de experiencia, a personas que están comenzando ahora, y el nivel técnico no es parejo. El estilo, incluso dentro de los profesionales, precisamente por serlo es diverso, cada cual escribe su propia personalidad, su forma de proyectarse pero sí, no podemos hablar de un periodismo independiente que en el cien por ciento está formado por profesionales, aunque muchas veces el asesoramiento les sirve de instrucción y muchos han empezado dando los primeros pasos. Es curioso pero esta situación es tan *sui generis* que ha surgido en Cuba, una vez conversando con Raúl Rivero llegamos a la conclusión que es un poco una fusión del periodismo de Estados Unidos y el europeo porque nos llegan rebotes de la prensa tanto europea como de la prensa norteamericana. Vemos que son dos estilos diferentes y creo que en Cuba se está creando una fusión de ambas tendencias. Y también es el rechazo al estilo discursivo de la prensa oficial, entonces en la práctica ha ido surgiendo, no voy a decir una escuela cubana de periodismo independiente, porque sería exagerar, pero sí no podemos decir que haya una tendencia marcada de una u otra forja porque la información nos llega desde ambas vertientes, recuerde que hay una fuerte comunidad cubana en Estados Unidos pero también lo hay en Francia, en España sobre todo y en Suecia. Entonces llegan revistas de cubanos editadas en esos países que tienen esa influencia de ese continente y también nos llegan muchos que tienen influencia de los Estados Unidos, incluso periódicos norteamericanos en español. Parece que esto ha sido pues, habría que escribir un ensayo al respecto ¿no?, pero es muy difícil improvisarlo en un momento, pero parece que esto ha creado un estilo equidistante a ambas tendencias. La fusión es tal que sería difícil decir cuál es la proporción, como el café, la azúcar y la leche una vez que se revuelven, están demasiado mezclados. [...] Algunos sí son bastante discursivos y algunos son muy objetivos, pero estoy hablando de la generalidad, de la tendencia, de hacia adónde veo que se está encaminando en general la prensa, al menos los trabajos que yo recibo, que por un motivo u otro tengo que ver bastantes trabajos de numerosos periodistas y veo que hay una generalidad que va buscando un estilo bien diferente a lo que estamos acostumbrados a ver, pero no quiere decir eso que sean todos, que sea una escuela única, sino que estoy hablando de una tendencia porque existen periodistas novatos que es el mismo periodismo oficial pero al revés. Pero eso la práctica nos demuestra que poco a poco, cuando desahogan todas esas represiones internas del pensamiento pues se van puliendo, se van profesionalizando, van escapando de este discurso oficial al revés y van haciendo un periodismo más objetivo más balanceado, más analítico incluso a pesar de las dificultades que hay aquí para hacer investigaciones dado que las fuentes gubernamentales nos cierran todas las puertas, el acceso a Internet es casi un sueño, pocas personas pueden tener acceso de una forma muy limitada, a pesar de todas estas deficiencias, pues se está buscando hacer algo más investigativo, más profundo y en fin, es esta fusión de café con leche con azúcar muy bien, muy bien removido."

En el centro del intento de profesionalizar el periodismo está la búsqueda de la veracidad. La madurez del movimiento de periodismo independiente cubano les permite entender que un flanco débil sería que ellos, en su fervor por la crítica, cayeran en la exageración o en la mentira. Nada sería más ventajoso para la dictadura que poder comprobar que un periodista independiente mintió. La propagación de noticias falsas los haría vulnerables en su prestigio y en su libertad. De algún modo, el régimen quiere seguir conservando el monopolio de la mentira.

Ocurre que el periodismo libre ha aceptado el rol de "recurso de amparo de última instancia" que le está pidiendo una gran parte de los cubanos. Según el relato de varios periodistas, cada vez más la gente los utiliza para resolver problemas cotidianos. Frente a la inminencia de un desalojo, frente a la imposibilidad de concretar un tratamiento médico de urgencia y frente a cualquier lucha contra la burocracia en que un ciudadano queda entrampado, los cubanos comienzan a presionar por sus demandas comunicándose con estos periodistas, haciéndoles cumplir un rol parecido al que la prensa también cumple en las democracias. Isabel Rodríguez, del pequeño pueblo de Esperanza, dice que los cubanos comienzan "a darse cuenta que cualquier problema que tengan con la violación de sus derechos, todos esos actos de fuerza que realizan en contra de ellos, somos los únicos que podemos canalizar para que por lo menos el mundo conozca que se lo hicieron". Cuando estuve con ella en su casa, en febrero de 2003, le pregunté:

**—De las notas que has hecho, ¿cuáles son las que más satisfacción te han dado?**
—Bueno, en realidad yo disfruto este trabajo, no sé si en la conversación que tuvimos por teléfono le dije que había sido una lástima que no lo hubiera descubierto antes. Yo disfruto todo pero me gusta mucho sacar a la luz lo relacionado con las cárceles, con la realidad de nuestras cárceles, eso me satisface desde un punto de vista, aunque sufro por el lado humano, pero pone al descubierto toda una serie de falsedades y la realidad de las cárceles, verdaderos mataderos de hombres. Ahora mismo recibí una carta que habla de una nueva cárcel a donde fue trasladado el señor que me escribió, en la provincia de Matanzas, y me habla horrores del jefe de orden interior, que se supone que es el que tiene que poner las cosas en su sitio allí, de acuerdo con el reglamento. Cómo maltratan a los presos, cómo los cubículos donde están no tienen luz eléctrica, que se la ponen un ratito por la noche, que la comida es infernal, en estado de descomposición, los pescados y picadillos y las carnes que les dan, la atención médica es casi nula y sobre todo los... El sol, que está estipulado que lo cojan todos los días, dice que los sacan a las seis y media de la mañana, el soleador está entre dos edificios, por lo tanto lo que cogen es algo de aire fresco de madrugada porque a esa hora el sol no ha salido todavía. Me gustan mucho las noticias de las prisiones para que se conozca la realidad de este pueblo y de las tantas realidades que hay.

**—¿Qué notas hiciste que han provocado cambios?**
—Bueno, las que han logrado cierto... que han tenido cierto poder, que han podido cambiar en algo las realidades, han sido

las que hemos dado referentes a los desalojos. Yo me acuerdo que transmití una vez un posible desalojo que se iba a efectuar en la base aérea de Santa Clara, en una comunidad que hay ahí, inclusive creo que el hombre que iban a desalojar era combatiente internacionalista y todo eso. Bueno, con anterioridad yo lo vi e hice un programa por *Radio Martí* que se llama *Cubanos de a pie*, un segmento, y recibí una carta de él donde agradece a la agencia *Cuba Press* y a mí en particular. [...] Cuando uno denuncia o saca a la luz los problemas que hay de equipos, de reactivos, esas cosas tú notas cambios, se arreglan las cosas sino en un 100 por ciento por lo menos en un 50 o un 60, que ya es mucho para nosotros, ya eso es mucho.

El periodista libre Vicente Escobal, de *Lux Info Press*, escribió:

"La indignación que provocan ciertas irregularidades en los servicios, la insensibilidad de un funcionario, la actuación represiva y arbitraria de un agente policial, o el hecho más insignificante ocurrido en cualquier rincón de la isla encuentran siempre un desahogo que se canaliza a través de la frase: 'Si yo pudiera denunciarlo en *Radio Martí*'." [2]

## Últimas noticias

**RICARDO GONZÁLEZ SERÁ TRASLADADO A CENTRO PENAL EN CAMAGÜEY**
**20 DE ABRIL DEL 2003**

Nueva Gerona. (Carlos Serpa Maceira, UPECI / www.cubanet.org) - El periodista independiente **Ricardo González Alfonso**, presidente de la junta directiva de

---

2. Escobal, Vicente, "Gana audiencia Radio Martí", *cubanet.org*, 4 de enero de 2000.

la sociedad de periodistas "Manuel Márquez Sterling", una de las víctimas de la reciente ola represiva, será trasladado a un centro penal distante 500 kilómetros de su residencia.

Ricardo González Alfonso, fue condenado a 20 años de prisión el pasado 4 de abril en juicio sumarísimo, por un tribunal de La Habana por el supuesto cargo de haber violado artículos de la ley No. 88 de protección de la independencia nacional y la economía de Cuba. "Oficiales de la policía política me comunicaron que Ricardo sería trasladado antes del lunes 28 para la cárcel Kilo 8, en la provincia de Camagüey, a 500 kilómetros de Ciudad de La Habana, donde residimos", comunicó a UPECI Alida Viso Bello.

## 13. Los periodistas del régimen

Cuando el segundo comandante de Cuba, el hermano Raúl Castro, cerró el congreso de periodistas cubanos en 1980, es posible que ninguno de los presentes le haya creído. Castro dijo: "Periodistas, escriban críticas, el Partido los apoyará". Ya estaban acostumbrados. Seis años antes, desde esa misma tribuna, el primer comandante había dicho: "La crítica es una apelación a la vergüenza y al honor de los hombres".

El desarrollo profesional es, seguramente, una aspiración de todo aquel que estudia periodismo, sea libre u oficialista. Pero en una dictadura resulta imposible para un periodista del régimen ser un buen profesional: no se puede escribir con autonomía, creatividad ni equidad, y además existe una enorme variedad de temas sobre los que directamente no se puede hablar. En ese contexto no hay modernización posible del periodismo. El periodista oficial no puede cumplir con casi ningún mandamiento de su profesión. No puede seleccionar los temas de mayor interés público, no puede entrevistar a todas las fuentes que desee, no puede contradecir con la información a la cúpula del régimen. En algunos momentos históricos, la apertura consiste en poder criticar desde la prensa a funcionarios de los niveles más bajos del partido o del Estado. Pero, generalmente, esas "aperturas" provocan tantas críticas que luego son silenciadas porque se dice que están deslegitimando a todo el régimen. Es una profesión condenada a fracasar en la dictadura: es como un médico al que no le permiten curar.

En las más importantes dictaduras del siglo XX se nota esta contradicción de la relación entre periodismo y régimen. Dado que priorizan el área de la comunicación, suelen tener fuertes escuelas y facultades para formar periodistas. Allí sus profesores defienden por un lado al régimen y por el otro les enseñan valores de creatividad, expresividad y profundidad. Cuando los egresados de esos centros de estudio ingresan a los medios, perciben que esos valores son de difícil cumplimiento en sociedades tan cerradas, por lo que estos profesionales pueden desarrollar una creciente insatisfacción laboral y a veces también una creciente desafección con el régimen. La prioridad que los regímenes totalitarios le dan al periodismo es un factor de profesionalización, y este proceso suele demostrar rápidamente su incompatibilidad con una dictadura. Los periodistas del propio partido nazi llegaron a protestar por la injerencia de una enorme cantidad de oficinas públicas de funcionarios nazis que querían arrebatarles el poco criterio de noticiabilidad que les quedaba. Y en la Unión Soviética los periodistas formados en las facultades fueron una de las principales fuerzas que acompañaron los momentos de apertura que hubo en la etapa de Kruschev y en la etapa de Gorbachov.

Incluso aquellos intelectuales que en las últimas décadas han sido simpatizantes internacionales de la dictadura son lapidarios con la prensa cubana. El escritor colombiano Gabriel García Márquez escribió que "la prensa cubana es laudatoria y conmemorativa, que más parece hecha para ocultar que para difundir"; el escritor uruguayo Eduardo Galeano dijo que "la prensa cubana parece de otro planeta"; y el escritor español Manuel Vázquez Montalbán se refirió a "la servidumbre orgánica de *Granma*", el principal diario nacional de Cuba (durante gran parte de los noventa, el único).

En el discurso del poder cubano, el periodista "es un trabajador ideológico", y en la medida que tenga "adecuada conciencia revolucionaria" tendrá libertad para ejercer su profesión. Uno de los veteranos ministros revolucionarios, Armando Hart, en la clausura del III Congreso de la UPEC, de 1974, dijo:

"(Si) partimos del criterio de que el periodista es un trabajador ideológico y que responde a la disciplina de un órgano de prensa revolucionario, no habrá razón alguna para limitar su deber de llegar a la noticia."

A partir del comienzo de la *perestroika* en la URSS, en Cuba se empezó a hacer más hincapié en el rol de la prensa. Pero el régimen cubano no aceptó, incluso censuró, los tradicionales medios soviéticos que se reformaban bajo el influjo de Gorbachov. En 1989, el periodista argentino Jacobo Timerman visitó la isla y tuvo una conversación con el director de *Granma*. El cubano le comentó que iba a iniciar una gira por capitales mediterráneas europeas para analizar su potente prensa e incorporar algunas de sus innovaciones. Timerman, cáustico, contestó que el viaje no debería ser a Madrid o a Roma, sino a Moscú, donde el histórico *Pravda* estaba sufriendo una transformación tan profesional como democrática. El periodista argentino se ofreció a editar el diario junto al director del *Granma*, pero éste le dijo que esa experiencia apenas duraría un día.[1] Cuando las dictaduras del Este europeo se derrumbaron, en Cuba se empezó a hablar, en mayúsculas, de la Batalla de las Ideas, donde el periodismo tenía un rol esencial. "Estamos enfrascados en una gran batalla ideológica", le dijo Castro a los periodistas. El líder también se refiere "al ejército de periodistas".

El régimen castrista respondió a la *perestroika* soviética iniciando un "proceso de rectificación de errores" donde la prensa debería cumplir un rol importante. También Gorbachov lanzó la *glasnost* (política de transparencia) para facilitar su política principal, que era la reforma económica. La transparencia iba a servir para que la gente tomara conciencia de la crisis económica de la URSS, de este modo aceptaría

---

1. Timerman, Jacobo, *Cuba: A Journey*. Alfred A. Knopf, NuevaYork, 1990, pp. 78-79.

y se comprometería con los esfuerzos que se le iban a pedir. La apertura informativa serviría para destruir cotos privados de burócratas y dirigentes conservadores. Para el caso de Cuba, Carlos Aldana, un miembro de la cúpula en aquellos años que luego cayó en desgracia, dijo: "Tenemos demasiados 'dueños' de la información; es la única forma de propiedad feudal que ha sobrevivido al socialismo". El congreso de periodistas oficiales cubanos de 1996 se hizo bajo el lema "por un periodismo crítico, militante y creador", y se cuestionó el "síndrome del misterio" y "la mentalidad de mordaza". "Se llegó a la conclusión –explica el informe final de la UPEC– por la dirigencia del país y los delegados que eran preferibles los errores de una comunicación amplia a los sinsabores del silencio."

En Cuba, la supuesta *glasnost* fue un fraude y las críticas apenas se elevaron del nivel municipal o provincial. Cuando la prensa ampliaba su criterio para recibir denuncias, se generaba una masividad que comenzó a preocupar, y se empezó a hablar del "hipercriticismo".

En 1987, cuando se estaba discutiendo el proceso de "rectificación de errores", un documento de la UPEC realizó un excelente autodiagnóstico de la situación del periodismo en la isla:

- No se han dado a conocer en nuestros espacios informativos las contradicciones surgidas con el "proceso de rectificación".
- No hay debate porque los periodistas no obtienen respuestas rápidas y convincentes.
- Los que están al frente de los medios no promueven el debate público.
- Todos estamos razonando aún monolíticamente a los problemas.
- Hay falta de información porque siempre se dice desde las altas esferas que "no es el momento oportuno". ¿Cuándo es ese momento?

- No se prioriza el centro del interés del público. Existe una cierta conformidad de seguir tras el lenguaje oficial. Se habla de cosas que no tienen que ver con el alma y los sentimientos de la gente común.
- Es ingenuo pedir o exigir que la prensa despierte un clima de confianza en la ciudadanía, cuando todos, prácticamente sin excepciones, hablamos el mismo lenguaje, con las mismas fuentes de información.

Y una encuesta entre 500 periodistas cubanos realizada al año siguiente, en 1988, reveló que el 97,2 por ciento de los periodistas creía que en el medio en que trabajaba había dificultades para hacer un periodismo "analítico y creador" por causa de la censura, la preparación insuficiente, la presión de instituciones criticadas, las consultas excesivas y el ambiente desfavorable.

En el VI Congreso de la UPEC, realizado en 1993, se criticó el modelo rígido que se había tomado de la prensa socialista soviética pregorbachoviana y se declamó el interés de buscar un modelo propio. En el documento central se habló de la necesidad de "menos adjetivación, menos tremendismo y más solidez en los argumentos". En el discurso de clausura, Fidel Castro dijo que "la prensa nuestra no es propiedad privada; digamos que es una propiedad social, una propiedad de todo el pueblo, y creo que algo que no se va a privatizar aquí, y lo último que se privatizaría cuando ya no existiera el socialismo, sería la prensa". De hecho, en el artículo 53 de la Constitución de Cuba se prohíbe que haya medios de comunicación "de propiedad privada". Es probable que Fidel tenga razón y el último bastión de la dictadura que se cierre sea el diario *Granma*, pero serán pocos los que en ese instante lamentarán su desaparición.

Casi diez años después de estos crudos balances, cuando todo fue para peor, los propios periodistas oficiales siguen expresando en sus reuniones profesionales su insatisfacción, de acuerdo con los documentos elaborados por la Unión de Periodistas de Cuba (UPEC). En palabras de ellos sus problemas profesionales son "limitado manejo de fuentes", "falta de acometividad", "ausencia de opinión", "escasísima especialización", "retórica panfletaria", "consignismo", "tono moralizante", "didactismo a ultranza" y "omisión de asuntos considerados conflictivos".[2] Pero los debates y las críticas se mantienen todavía en las nubes pues nada cambia en la prensa oficial. El decano de la Facultad de Periodismo de la Universidad de La Habana, Julio García Luis, se anima a decir:

> "El modelo que podemos llamar oficialista apologético o unanimista agotó sus posibilidades. Nosotros estamos en un punto que entendemos que el modelo de prensa anterior que había en el socialismo no nos sirve, pero tampoco vamos a asumir el capitalista. Tenemos que buscar nuestro propio modelo."

La verdad es que este discurso crítico interno sobre la prensa de la dictadura y la necesidad de repensarla está por cumplir treinta años y no ha tenido efectos sobre la realidad de los medios oficiales. Ya a mediados de los setenta, desde la revista *Bohemia*, Marta Harnecker planteó una serie de notas para analizar a la prensa, y tras la publicación del primer número varios funcionarios periodísticos perdieron sus plumas.

Algunos periodistas independientes piensan que la insatisfacción es cada vez más visible. Según Víctor Arroyo, periodista de Pinar del Río:

> "En el periodismo independiente hay una gran cantidad de ex periodistas y trabajadores de la prensa del régimen, o sea que, son personas que llegó un momento en que se agobiaron. Si a mí me ocurrió esto en la parte técnica, en la parte económica,

---

2. Véase el revelador texto de Wilfredo Isla Cancio, "El periodismo en Cuba" (1998). www.saladeprensa.org.

en la parte de proyectos, pienso que a estas personas mucho más les ocurrió al ser periodistas oficiales y verse engañados y verse obligados a tener que tergiversar o cambiar las cosas."

Ricardo González Alfonso dice:

"Es significativo que algunos periodistas de la prensa oficial han ido pasando para el periodismo independiente. No le voy a decir que de una forma cuantitativamente importante pero significativa porque durante años no había ocurrido, optaban más bien por el exilio y ahora algunos han pasado a la prensa independiente. También en las provincias. Hay un caso en Camagüey, tenemos otro caso aquí en Ciudad de La Habana, son casos esporádicos pero antes realmente era impensable."

Tania Quintero, que fue periodista oficial y ahora tanto ella como su hijo son periodistas libres, habla sobre sus colegas del otro lado:

"Mire, en el periodismo oficial cubano acaban de hacer un festival de la prensa, allá en Holguín, creo, porque yo oigo la radio cubana y oigo los reportajes y ellos están patinando en la misma vaselina desde que yo estaba en el periodismo en los años 70, 80 y 90, siguen con lo mismo, no hacen un periodismo crítico, un periodismo creativo, un periodismo de nuevo tipo, llegar a la gente, pero ellos siempre están en eso, yo digo que siempre están mentalmente masturbándose porque no lo pueden hacer. El periodista que trate de hacer algo realmente, choca y no puede seguir, no puede seguir, entonces ellos tratan de sobrevivir, aquí le dicen a viajar 'pastiar', entonces tratan de estar cubriendo cosas para poder viajar, y viajar quiere decir escapar. Me imagino que muchos ahora se sintieron bien, o se pusieron las botas, o se salvaron porque pudieron ir a la feria esta de Guadalajara, a ellos no les importa si Cuba iba a hacer las cosas que hizo con las letras libres. Y también van a gritar, porque en definitiva salirse de la comparsa y desmontarse de este carro es muy duro y entonces dentro de los periodistas cubanos hay buena pluma y hay muy buenas personas, yo estoy hablando sinceramente con usted, yo tengo como principio que no escribo, ni los ataco, yo no hablo mal de ellos. Inclusive me llegan mensajes de ellos de que me admiran, de que me tienen en muy alta estima porque ya, ¡a esta edad mía meterse en esto! Han venido aquí algunos y cuando han visto cómo vivo se quedan pasmados porque se creen de verdad la historia de que los americanos nos mantienen y nos dan dinero y toda esa cosa ¿no? Pero ellos realmente han quedado en su propia salsa, en su propia mediocridad de no poder romper, porque está bien hacer algo sin importancia, cubrir cualquier cosa, pero hay algunos que están haciendo muy fuerte el huevo a este régimen, como esos que hablan en las mesas redondas y todo eso que es una cosa que da asco. Cuando la seguridad les da la orden ellos nos atacan, ellos paran cuando les dicen que paren. Hoy no sé porque no ha llegado todavía el periódico y hoy no va a haber mesa redonda, ahora me acuerdo, hoy van a poner las palabras de Chávez a los presidentes, van a poner a Chávez, está anunciado a partir de las 5:45 que dicen a petición del pueblo cubano, de la gente, y qué se yo, si aquí la gente lo que quiere es que Chávez se acabe de ir, aunque nos quedemos sin petróleo, pero aquí el gobierno dice lo contrario. Entonces ellos nos atacan. Cuando la seguridad dice 'ahora atacar' entonces ellos salen a atacar. A Raúl Rivero, por favor, a Raúl Rivero le dicen cantidad de cosa, que le gustan los perfumes, que se gasta el dinero, que anda en taxi y toda clase de cosas. A mí me mencionó en la televisión, Fidel Castro, en noviembre, me parece que fue el 1 de noviembre del 99, que él hizo una intervención en la televisión unos días antes de empezar la cumbre de La Habana y él atacó como siempre a los Estados Unidos y sacó a relucir dentro de las actividades contrarrevolucionarias que hacen los americanos aquí en La Habana, una recepción que había dado a la disidencia, que aquí le dicen a la contrarrevolución y entonces ahí él leyó y fue la primera vez que él lo hacía. Él leyó la lista de todos los que habían ido a esa cosa con los americanos. Eso fue si mal no recuerdo el 12 de julio del 99, que yo fui, y entonces ahí leyó mi nombre y eso me costó cantidad de gente creyendo que yo tenía posibilidad de resolverles visas con los americanos, viniéndome a ver. Y Fidel Castro me mencionó, pero yo no tengo nada que ver con los americanos porque yo inclusive fui a esa recepción que Raúl Rivero lo sabe porque la prima mía, Lidia Roca, hermana de Vladimiro Roca[3], quería ir a Miami a visitar a su hijo y quería ver y entonces yo fui para hablar con uno de los americanos para ver cómo se le podía resolver a mi prima, que ella no se iba a quedar, es más, es la hija de Blas Roca ¿no? Y entonces después cuando los sucesos esos, cuando en el 2000 la República Checa votó contra Cuba en Ginebra, movilizaron a multitudes frente a la embajada checa y entonces hicieron una mesa redonda mencionando cómo los checos aquí estaban trabajando con los americanos, subvirtiendo el orden en Cuba y todo eso y ahí me mencionaron porque yo fui detenida en enero del 97 saliendo de la embajada checa, en un operativo terrible que tenía la Seguridad del Estado y yo de mansa paloma salía de allí porque me mandaban cosas y me mandaban un regalo para mi nieta y yo de tonta, va de tonta no, yo no tenía miedo ni nada, yo fui ahí normal y nos detuvieron y entonces en esa mesa redonda, un investigador de la Seguridad del Estado me mencionó. Y entonces con esas menciones resulta que le dan a uno currículo, porque los que se piensan ir dicen 'no, porque tú llevas los dos periódicos esos y dices que te hicieron miles de repudios y que no sé qué y cuánto, ya los americanos te dan la visa', que tampoco es así tan fácil. Hay de todo en la viña del señor y en el periodismo independiente hay también sus cosas, pero realmente son gente valerosísima sacando los que son chivatos y eso. Chivato le decimos en Cuba a los informantes."

---

3. Vladimiro Roca. Histórico disidente. Ex piloto de la Fuerza Aérea de Castro e hijo de Blas Roca, veterano dirigente comunista. Vladimiro es líder de la Corriente Socialista Cubana.

El modelo de periodismo "oficialista apologético o unanimista", como lo califica el decano de la principal fábrica de periodistas de la dictadura, se dirige desde el Departamento de Orientación Revolucionaria (DOR) del Partido Comunista. Allí se definen los planes temáticos que luego se imprimirán, se televisarán y se difundirán por toda la isla. Pero el gran editor de Cuba es Fidel, y el resto de la profesión periodística oficial forma el coro. Es la palabra del dictador la única y definitiva institución, y la prensa representa la extensión y difusión de esa palabra omnipresente. Los medios de comunicación son la principal institución de la dictadura desde ese punto de vista. La palabra de Fidel es la verdad de Cuba, y esa palabra viene a través de los medios, y esa palabra pública es el único discurso público posible. Cuba es hoy el reino del pensamiento único, y ha logrado perfeccionar esa dimensión porque el número uno del régimen tiene el carácter de pensador único. El sociólogo Juan Clark, en una de las principales obras existentes sobre la realidad cubana, lo dice así:

"Castro ha utilizado la ideología comunista para dar respetabilidad y legitimidad al control unipersonal del poder. En realidad, las palabras de Castro han sido la norma real a la cual los cubanos han tenido que someterse a pesar de las apariencias de 'institucionalización' comenzada a principios de los setenta."[4] (El destacado es mío.)

El unanimismo fidelista ha ido desarrollando en cuatro décadas y media de dictadura una serie de argumentos para justificarse frente a su sociedad y frente al mundo. Algunos de los más gastados son los siguientes:

---

4. Clark, Juan, *Mito y realidad: Testimonios de un pueblo*. Miami, Saeta Ediciones, 1992, p. 119.

- Como la Revolución dio la libertad de prensa ésta no se puede usar contra la Revolución.
- El rol de la prensa depende de la etapa de desarrollo de la sociedad y en Cuba no se necesita "ahora" un espíritu crítico, que puede ser distractivo y dilapidador de tiempo, sino un periodismo constructivo, que oriente a las masas en el camino revolucionario frente a las duras condiciones de la construcción socialista.
- La libertad de prensa es un deseo de gente satisfecha, reflejo del idealismo burgués, y un valor importante sólo en las sociedades moribundas.
- La prensa está al servicio de la construcción del socialismo.
- La guerra permanente que vive Cuba desde 1959 justifica la restricción al ejercicio del periodismo.

En los primeros años de la dictadura fidelista, hubo disensos tolerados dentro del unanimismo que parecían representar cierta coexistencia de grupos políticos con identidades distintas en el poder. Un símbolo de que los microespacios tolerados del disenso también iban a desaparecer fue la unión del diario *Hoy*, del comunismo cubano, con el diario *Revolución*, del fidelista Movimiento 26 de Julio. Se hizo en octubre de 1965 y el nuevo diario se llamó *Granma*. Tres años después, el diario *El Mundo*, que se hacía en la Universidad de La Habana, también se fusionó con la flamante nave insignia de la comunicación oficial. Y cada tanto algunos signos que alentaban el disenso eran frenados abruptamente para volver a la condición natural de la dictadura, el unanimismo. Cuando un cubano pregunta: "¿Oíste las noticias?", no se refiere a lo difundido por la prensa oficial, pues allí no hay noticias[5], sino que se refiere a los rumores –lo

---
5. Clark, Juan, op.cit., p. 221.

llaman Radio Bemba– o a alguna de las emisoras extranjeras que transmiten hacia la isla.

Mientras los gobernantes de los países democráticos suelen estar a los saltos por las noticias que puedan aparecer en los diarios del día siguiente, Fidel Castro tiene un sueño más relajado. Según ha dicho varias veces, durante la mañana lee sólo cables internacionales, y recién a la tarde, y a veces a la noche, si tiene tiempo, se dedica a leer los diarios de ese día hechos por su estratégico "ejército de periodistas". Parece obvio que no espera encontrar ninguna sorpresa. Es posible que, algún día, la nueva prensa cubana le saque el sueño al Gran Editor.

## 14. Comunicación horizontal

En enero de 1996, dos periodistas de la agencia independiente *Habana Press* fueron detenidos por difundir por una radio que transmite desde Miami hacia la isla que estaban cayendo panfletos opositores en La Habana.

"Solano –le dije al Director de *Habana Press*–, no sabemos ni quién está tirando estos papeles, pero sí sé dos cosas: si lanzamos esta noticia y esto termina en revuelta popular nos fusilan esta noche sumariamente, y si no la lanzamos, 'recoge y vamos' que *Habana Press* perdió su razón de existir."[1]

Los panfletos los habían lanzado pilotos casi suicidas de la organización de exiliados cubanos Hermanos al Rescate, que querían romper el cerco informativo que el régimen sostiene. No hubo ni fusilamiento ni revuelta. Hubo un operativo de varios autos policiales para detenerlos a la mañana siguiente. Estuvieron presos apenas por unas horas, después de interrogatorios individuales, en donde apareció también el policía Aramis. Finalmente, el único castigo fue que Solano perdió la posibilidad de seguir usando el auto Lada verde que se había comprado con parte del Premio Rey de España de Periodismo, porque no cumplía con una enorme cantidad de requisitos técnicos y arreglarlo era muy costoso.

Es lo que se llama la "línea roja". Al régimen no le preocupa tanto que envíen información hacia fuera, sino que construyan medios para comunicarse directamente con los

---

1. Martínez García, Julio San Francisco, "Octavillas sobre La Habana", del libro inédito *Corto cuento contra Castro (memorias de un periodista desterrado)*. Julio San Francisco fue cofundador y subdirector de *Habana Press*. Rafael Esteban Solano fue cofundador y director de esa agencia.

cubanos residentes. Los carteles, los panfletos ("octavillas"), los grafittis, las pancartas, son rápidamente reprimidos, y hay cubanos que fueron detenidos por llevar un cartel con un inocente "Abajo Fidel".[2] Por eso es más peligroso tener una impresora que una computadora.

Rivero lo explica:

> "La difusión interna es prácticamente imposible. Aquí la gente conoce *Cuba Press* porque nosotros le damos también noticias a *Radio Martí* y a otras emisoras de Miami que se oyen aquí. Por eso siempre se nos ha acusado de que le damos información a una emisora extranjera. Yo siempre he pedido públicamente y también cuando he estado arrestado que nosotros queremos quince minutos de una emisora cubana aunque sea municipal y no le mandamos información a más nadie, que nos den un espacio aquí de quince minutos, que nosotros conseguiremos para pagarlo, y que nos dejen publicar en nuestro país diez o quince minutos a la semana aunque sea y no daremos información nunca más a ninguna emisora extranjera. Pero qué, si nos niegan aunque sea quince minutos aquí y nos acusan entonces de ser pro norteamericanos o lo que sea, o agentes de la CIA por dar información a la única emisora que se oye aquí adentro y a nosotros no nos dejan publicar. Nosotros donde queremos publicar es aquí adentro. [...] Yo creo que es muy importante que en el exterior se conozca lo que está pasando pero es más importante que los cubanos conozcan, porque aquí usted no sabe lo que está pasando ni en el barrio de al lado. La gente no lo puede saber y eso me parece que es básicamente lo que nosotros queremos. Ahora estamos trabajando para hacer aquí adentro una revista de una sociedad de periodistas que está aquí, la *Márquez Sterling*, pero dirigida exclusivamente para adentro, para circularla por las bibliotecas independientes, para que la gente sepa

---

2. Lionet, Christian, "La información, coto privado del Estado". Informe de misión en Cuba de Reporteros sin Fronteras. 17 de diciembre de 2002.

lo que está pasando en su propio país, no solamente sepa qué está pasando, sino que también sepa en qué país realmente vive, porque también estos 43 años de propaganda han enseñado una Cuba de los primeros años de la República, de los primeros años del siglo pasado que no existe, es decir, que es falsa. La han ido moldeando, han destacado solamente algunas personalidades, las que son más afines con las ideas del gobierno que son desde luego personas respetables, pero no son las únicas, y han ido sepultando... Por ejemplo, se ha dicho que todo el periodismo cubano republicano era un periodismo vendido al imperialismo. Aquí ha habido revistas como *Bohemia* y otras publicaciones y periódicos municipales con tremenda cubanía, valentía y honestidad y apego a la verdad. Ha habido desde luego periodistas vendidos como los hay en todos los países. Y gente que estuvo perseguida por Batista, gente que estuvo preso, y tuvieron que irse otra vez, que hicieron grandes trabajos en contra de Batista, a favor de la revolución, el mismo Carlos Franqui que dirigió el periódico *Revolución* tantos años y que estuvo en la Sierra Maestra, pero estoy hablando de decenas de periodistas."

Se está avanzando en la etapa del desarrollo de medios que comuniquen en forma directa a los periodistas libres con los cubanos residentes en la isla. La revista *De Cuba* sacó su primer número en diciembre de 2002 y cuando estaba por comenzar a distribuirse su segundo ejemplar, en marzo de 2002, fue confiscada toda la edición. La revista *De Cuba* se distribuyó a través del centenar de bibliotecas independientes que nacieron en la isla en 1998. La primera biblioteca fue fundada por un matrimonio en la provincia de Las Tunas tras escuchar a Fidel en la televisión diciendo que "en Cuba no hay libros prohibidos, sino que faltan recursos para adquirirlos". Enseguida abrieron su biblioteca a todos sus vecinos e iniciaron un sistema de préstamo a domicilio. Había libros oficialistas y no oficialistas, con la única exclusión de los que promuevan la discriminación racial y la violencia. El movimiento creció en todas las ciudades de Cuba y ahora hay más de cien, aunque el Estado le sacó su vivienda al matrimonio fundador y propuso reubicarlos en un barrio militar. Ellos optaron por vivir en la casa de unos familiares. Ahora esa red de centros culturales independientes sirve también para distribuir la publicación nacional elaborada por una organización de periodistas independientes. Otra revista mensual realizada en Cuba para los cubanos es *Vitral*, editada en Pinar del Río por Dagoberto Valdez, apadrinada por el obispo católico del lugar. Las publicaciones católicas, aunque con gran prudencia editorial, se están amontonando y creando un canal de comunicación escrito con los fieles y con amplios sectores de la sociedad cubana. Otro ejemplo destacado es *Palabra Nueva*, dirigida por Orlando Márquez, de la que se editan alrededor de diez mil ejemplares desde La Habana.

Por ahora la consigna del régimen es "todo en las casas, nada en las calles". Se toleran las reuniones en los domicilios siempre que no sean demasiado concurridas, pero ningún tipo de aglomeración de gente ni ocupación del espacio público. Con respecto a los medios, se permite la transmisión hacia el extranjero, pero hasta ahora no ha existido tolerancia con la transmisión –por cualquier método– en el territorio de la isla.

En Ciego de Ávila, la posibilidad de desarrollar formas de comunicación locales está muy restringida, como en el resto de la isla. Mirley Delgado dice:

"Si hacemos una manifestación en la calle con carteles, pues vamos todos presos y golpeados. No admiten manifestación en la calle, enseguida va presa la persona que se manifiesta en la calle. Pintar paredes mucho menos, si pinta paredes y lo cogen son de cuatro, cinco, seis años de privación de la libertad."

Manuel David Orrio explica:

"Bueno, la *Cooperativa de Periodistas Independientes*, que es la agencia que yo dirijo, está comenzando... Ya filmó, por ejemplo, una conferencia de prensa de dos babalaos[3], en ocasión de hacer sus pronósticos para el año que comienza, a eso se lo llama la conferencia de prensa de la letra del año que es el sistema de tradiciones de ese culto, un culto muy importante en Cuba, una de las tres religiones más importantes, entonces ya eso lo tuvimos ahí junto con la prensa extranjera, lo metimos allí. Hemos hecho también otras cosas dentro de la disidencia, con actividades de la disidencia, pero como le digo, este es un proyecto que usted está tomando prácticamente como de primicia porque pudiéramos decir que empezó hace dos meses, no más. Y después tenemos la idea de distribuir el video entre personas conocidas y amigos, pero en este momento lo que nos interesa más bien es adiestrar. Hay muchos temas en ese punto..., estamos trabajando con personas que no tienen ninguna experiencia, otros que tienen más experiencia y es así como se hacen las cosas. Así es como empezó el periodismo independiente de prensa plana, así que por lo tanto no es extraño que dentro de dos o tres años, o quizás menos, haya resultados interesantes, pero nos parece que es un punto que debemos abordar muchísimo. Ese es un movimiento nuevo que se está produciendo desde hace un par de años a más tardar, en la medida en que han ido surgiendo algunos medios se está viendo una eclosión de publicaciones disidentes de tipo samizdat, yo incluso estoy preparando un reportaje sobre el tema porque para mi sorpresa me he encontrado con que en toda provincia del país existe al menos una publicación bastante conocida. Es muy sorprendente y es noticia."

---

3. Babalaos o babalawo. Así se denominan los sacerdotes de la santería cubana.

En Camagüey, además de un boletín, *El Camagüeyano*, se hace con mucho esfuerzo y con periodicidad irregular un noticiero. Dice Ricardo González:

"Quizás sea Camagüey en estos momentos la segunda capital del periodismo independiente, pero sería difícil definirlo. Han surgido algunas agencias de prensa en esta región, que sin duda están haciendo trabajos interesantes, incluso de videos, reportajes, están publicando un pequeño boletín, *El Camagüeyano*, es un boletín de cuatro cuartillas pero con una dignidad de presentación, con fotografías color, en fin, creo que es un mérito en estas circunstancias en que las condiciones son bastante desfavorables desde el punto de vista técnico. Y algo que hay que destacar, siempre, tanto para los periodistas independientes como para otros grupos de la sociedad civil, incluidos los propios políticos opositores, en la provincia la represión es mayor, tienen más lejos a la prensa extranjera acreditada, tienen más lejos a las sedes diplomáticas, están más aislados y sin duda el rigor represivo en estas regiones es superior al de La Habana, por eso creo que este trabajo que están haciendo en Camagüey es sumamente meritorio."

Se está alumbrando un salto cualitativo en la infraestructura de comunicación alternativa: se están comenzando a hacer experiencias en la isla para consolidar un periodismo audiovisual libre. En la bella e intrincada ciudad de Camagüey, se hizo el primer noticiero independiente en el living de una casa particular de un barrio muy precario. Es la casa de Ramón Armas Guerrero y su mujer, Lázara. Ella es profesora de danzas y es la conductora. Ramón sostiene la cámara, y han llegado a improvisar carteles para que Lázara vaya leyendo. Luego distribuyen las pocas copias que pueden hacer para que sus imágenes se difundan lentamente entre la población. En el noticiero que me mostraron vi cómo entrevistaban a un pintor que había dibujado a Fidel desnudo con una hoja de parra y había sido censurado, se daba una conferencia de prensa de familiares de presos políticos detenidos y se difundían imágenes de protestas en Venezuela contra el presidente Hugo Chávez. Además, hay por lo menos una agencia basada en La Habana, dirigida por Manuel Orrio, que se está capacitando para salir a filmar a las calles. El régimen comenzó a autorizar la práctica de una lista de profesiones que se podrían realizar de modo independiente. Y entre ellas estaba la comercialización y préstamo de videos. Se generó un circuito de distribución de videos que transmitían películas, telenovelas y series grabadas de canales de los Estados Unidos por medio de antenas satelitales, videos favorables al régimen y, cada tanto, videos críticos del régimen. En febrero de 2003 se desató una oleada represiva contra los distribuidores de videos a raíz de la circulación de varios tapes sobre la vida de Fidel Castro. Curiosamente, la circulación de videos es también una forma de comunicación adoptada por el Partido Comunista. Cuando el canciller Roberto Robaína fue expulsado del partido en el año 2002, tres años después de haber sido destituido como canciller, el partido distribuyó un video de dos horas entre sus militantes para explicar el hecho. Esa cinta está presentada por Fidel y su hermano Raúl.

Este cambio puede ser decisivo para el periodismo independiente y para el resto de la sociedad civil. Es a partir de esa grieta en uno de los clásicos lugares monolíticos del régimen que la gente puede empezar a creer que el fin está cerca. Las dictaduras de la segunda mitad del siglo veinte tuvieron en la televisión una herramienta importante para ejercer el poder. Hoy, la televisión es un espacio más público que la calle. Lo público es lo que aparece en la televisión y no lo que se ve en la calle, a no ser que algo se vea en todas las calles de Cuba. La televisión sí se ve en casi todas las casas de la isla. Si durante las dictaduras aparecían matices en la prensa escrita o la radio, en la televisión en cambio el discurso oficial no tenía grietas. En Cuba, hoy, el espacio público audiovisual no tiene grietas. Los dos canales nacionales de televisión no admiten ninguna distorsión sobre el pensamiento oficial. Por eso este intento de penetrar el campo audiovisual puede hacer pública, masivamente pública, a la sociedad disidente. La grieta, aunque pequeña, sería muy visible.

Ya el corresponsal del *The New York Times*, Herbert Matthews, había escrito en los inicios de la revolución que Castro "gobierna por televisión". Pero es interesante notar que también las dictaduras pueden morir por televisión. La caída del régimen comunista de Alemania Oriental, liderado por Eric Honecker, comenzó en un acto de masas transmitido por televisión, al igual que la caída del dictador rumano Nicola Ceaucescu, o la caída del dictador servio Slobodan Milosevic. Cualquier grieta en el dominio absoluto del espacio público televisivo es posiblemente el principio del fin para las típicas dictaduras totalitarias.

## ÚLTIMAS NOTICIAS

Extracto de la conferencia de prensa ofrecida por el canciller Felipe Pérez Roque, con relación a los mercenarios al servicio del imperio que fueron juzgados los días 3, 4, 5 y 7 de abril. Ciudad de La Habana, 9 de abril de 2003.
(Versiones Taquigráficas - Consejo de Estado)

Felipe Pérez Roque.- "Debo agregar a lo visto aquí, algunas clarificaciones. Aquí debo dar este dato: Hay 37 acusados que supuestamente han ejercido como "periodistas independientes". He visto publicaciones que hablan de que hemos arrestado a los principales periodistas cubanos, que hemos arrestado a la intelectualidad cubana. Eso es un despropósito singular, una superficialidad al referirse a este tema, que me impresiona.

De los 37 acusados que durante años han proclamado ser "periodistas independientes", mientras ejercían su labor como agentes del gobierno de Estados Unidos en Cuba, realmente estudiaron periodismo y fueron periodistas alguna vez, 4, ¿está claro?, 4 de los 37; y en Cuba no existe la carrera de técnico medio en periodismo, ¿está claro?, ni en ningún lugar del mundo. Son 4 los que hicieron estudios de periodismo en alguna universidad y trabajaron alguna vez de periodistas, 4 de los 37. De los 37 hicieron estudios universitarios de algún tipo, 14, contando estos 4, ¿está claro?, para que ustedes, por favor, me ayuden a aclararles a los que evidentemente han tenido mala información, en ningún caso mala fe.

Por favor, ayúdennos a decirles que en Cuba, además de los 157 corresponsales que trabajan para medios extranjeros -algunos ciudadanos de otros países, otros cubanos, 157, ustedes, una parte importante está aquí-, en Cuba trabajan como periodistas, con título de Licenciados en Periodismo, expedidos por nuestras universidades, después de cinco años, muchos con posgrados en otras instituciones, universidades en el mundo, 2.175 periodistas. Por favor, aclaren que los periodistas son ustedes, y ellos, los 2.175 periodistas cubanos que trabajan hoy en 548 medios de prensa cubanos -¡quinientos cuarenta y ocho!-: radiales, televisivos, impresos, de los cuales 237 tienen versiones digitales. Esa es la prensa cubana; no los mercenarios que publican en el Miami Herald lo que sus patrones les orientan, como veremos después; porque les tenemos más noticias, ¿está claro?

Entonces, por favor, a ver si se abre paso la idea de que había 4 que habían sido alguna vez periodistas en su vida, de los 37, y que son 14 los que alguna vez pusieron el pie en una universidad; y que aquí hay más de 2.000 periodistas cubanos y 157 periodistas extranjeros que tienen título, que han trabajado como periodistas, que tienen una labor reconocida, que por favor no nos ofendan a nuestro gremio y a ustedes, cuyo trabajo apreciamos y respetamos, y que hacen una labor profesional y un trabajo de información y ejercen un importante papel social que nosotros reconocemos y apoyamos. Pero, bueno, llamarles periodistas a los mercenarios que participan en la conspiración para subvertir a Cuba, es una cosa que ofende nuestra sensibilidad."

## 15. Una comunidad profesional

Al igual que la nación cubana, la comunidad profesional periodística cubana también está dividida. Hay varios periodistas independientes que tienen diálogo con los periodistas oficiales y, con la creciente legitimidad de la nueva prensa libre, los encuentros y los cruces están siendo más frecuentes. El periodista libre Manuel David Orrio los describe:

"Es un diálogo curioso, porque se dan muchos matices. De una parte usted se encuentra con personas que sea por oportunismo o por convencimiento, porque hay grandes convencidos también del lado de Castro, usted se encuentra allí con individuos que lo tratan a uno bastante mal o que prefieren ni hablar con uno. Ese digamos que es un sector. Hay otro sector que mantiene una relación respetuosa pero a distancia profesionalmente, me he encontrado con alguno que otro, digamos, es normal que me encuentre con periodistas oficiales en un evento como es la conferencia de prensa de los babalaos y yo tengo relaciones con estos periodistas normal, respetuosa. 'Buenos días, buenas tardes' pero no hay otro diálogo profesional. Hay otros periodistas que están ya asociados para la prensa extranjera en Cuba, periodistas cubanos que trabajan para la prensa extranjera acreditada en Cuba, ese tipo de personas que ya tienen posiciones más abiertas y finalmente un poco que estamos casi en el mismo lugar. Ya con estas personas el diálogo es muy abierto, muy profesional y de todos los aspectos profesionales, y de compartir ideas, etc., y finalmente hay un sector de los periodistas oficiales que un poco como que son los vergonzantes, quisieran ser pero no se acaban de decidir. Esos son un poco los matices de nuestra relación con ellos, pero yo creo que en general, sobre todo en los últimos tres años, se están produciendo cambios importantes en las conciencias de las personas y nosotros mismos en nuestros trabajos de video, en nuestras filmaciones, en la calle, etc., nos hemos encontrado con una fuerte apertura de la gente, la gente quiere hablar y la gente habla además, y se dejan fotografiar y se deja filmar. Hay gente que no, pero hay gente que a nosotros nos ha sorprendido, gente de la calle o cualquier otro, vinculada de algún modo al gobierno, que habló sin pudor. Absolutamente, yo creo que se está perdiendo el miedo."

Otro de los grandes referentes de la prensa libre cubana, Ricardo González Alfonso, dice:

"Es significativo que algunos periodistas de la prensa oficial han ido pasando para el periodismo independiente. No le voy a decir que de una forma cuantitativamente importante pero significativa porque durante años no había ocurrido, optaban más bien por el exilio y ahora algunos han pasado a la prensa independiente. Sí, hay un caso en Camagüey, tenemos otro caso aquí en ciudad de La Habana, pero digo, son casos esporádicos pero que antes realmente era impensable."

Víctor Arroyo, en Pinar del Río, agrega:

"Cada día se dan nuevos casos de deserciones de la prensa oficial y le repito que es el propio régimen que los obliga, porque hay periodistas muy capaces en la prensa oficial, personas de mucha ética, y que ven la intromisión del aparato político en el periodismo y que sencillamente no tienen otra opción que plegarse o que decir la verdad, y esto inmediatamente lo conlleva a que lo saquen o que tenga que irse y comenzar acá en el periodismo independiente. Indiscutiblemente hay un grupo de periodistas, personas que tienen remordimiento, yo los califico así, y que en algún momento dejan escapar algunos criterios, pero esto se ve más en la prensa radial que es menos censurada que la prensa escrita, no obstante eso, en ambas podemos ver los gérmenes de la disidencia que están rondándole y que no hay antibióticos para ello. En todos, sobre todo en provincia es donde más se ve. Porque ya el personal de los periódicos y revistas nacionales es más selecto y está más depurado por la policía política y determinados niveles del régimen. En la televisión se ven algunos casos, los que son rápidamente reprimidos, y la persona que lo emite desaparece como por arte de magia de las pantallas."

## 16. La base social

Uno de los determinantes más importantes de la calidad del periodismo es la relación con las fuentes informativas. Son como las venas para la circulación sanguínea. Ellas dirigen el flujo informativo que se irriga por los medios de comunicación hacia la sociedad. A medida que se va democratizando una sociedad, crece la diversidad de fuentes, las personas pierden el miedo de hablar con un periodista, crece la veracidad que los periodistas exigen a esas fuentes y, así, crece la calidad de la información y las perspectivas a disposición de los ciudadanos. Uno de los indicadores de que en Cuba se está produciendo una lenta pero persistente transición hacia la democracia, bajo el techo de la dictadura, es que lentamente está mejorando la calidad de la información que reciben muchos cubanos. Y en esto tiene que ver que los periodistas independientes no se representan a ellos solos, o a grupos ya asumidos como opositores y defensores de los derechos humanos. Representan a muchos cubanos que se están comenzando a desviar de la manada con un gesto mínimo, pero significativo, que consiste en dar pequeñas informaciones, pistas, orientaciones sobre hechos, a los periodistas independientes. Es decir, el periodismo libre es un emergente no sólo de un conjunto de disidentes, sino también de muchos otros cubanos que anónimamente se atreven a un acto de libertad pequeño, como es el dar alguna luz a los periodistas libres. "La gente, para darme informaciones, me cita en otro lado o van de noche a mi casa y a altas horas, porque tienen mucho miedo, son casi cuatro generaciones a las que este señor ha maleducado y les ha imbuido el miedo adentro", dijo María Elena Alpízar, desde el pequeño pueblo de Placetas.

Los periodistas libres de Cuba son muy cuidadosos en el tratamiento de las fuentes. Su nivel de fuente habitual es el hombre y la mujer común, de a pie, sin cargo ni relación con el partido. Y ellos deben protegerse, porque si la fuente se retracta ante la Seguridad del Estado a ellos los pueden enjuiciar penalmente. Algunos periodistas se arriesgan a eso y otros obligan a sus fuentes a firmar sus denuncias cuando se trata de problemas personales. Desde Placetas, María Elena Alpízar dice:

"Mire, las fuentes, como en todo el periodismo, la fuente es sagrada, pero qué sucede, nosotros debido a que ya aquí han surgido problemas de que el periodista dice una cosa y después va la Seguridad del Estado le preguntan dónde está la fuente, y preguntas y amenazas, y le ofrecen prebendas y eso y le dice 'mira, di que eso es falso', pero nosotros lo que hemos hecho es que la gente firme la denuncia, que firme lo que nos informa pero no lo decimos, lo tenemos allí como protección para nosotros debido al sistema en que estamos viviendo. A mí vienen y me dicen 'Maria Elena, como yo sé que a ti hay que firmarte y traerte el carné de identidad, mira yo tengo esto, no me interesa, di mi nombre, di todo porque no me interesa, porque yo sé que de la única manera que me dejan tranquilo y que se resuelva esto es esta'. Y otras cosas que yo investigo, porque la corrupción en este país es generalizada, pero no el pueblo, porque desgraciadamente el pueblo tiene que robar para poder sobrevivir. En los dirigentes, la clase gobernante, eso es terrible, la corrupción. Entonces ahí sí tengo que andar con mucho cuidado, tengo que ir a investigar y toda una serie de cosas, entonces yo siempre voy a todos lados, muy decentemente como es mi educación y entonces le digo que ejerzo mi derecho de ciudadana cubana y si no me contestan o no me atienden están violando el artículo 63 de su propia constitución. Porque el artículo 63 de la constitución vigente, la cual ya le digo eso es papel mojado para mí, dice que todo funcionario tiene que atender las quejas y peticiones de los ciudadanos y darle una respuesta en forma y tiempo adecuado, más o menos dice así."

Estos periodistas no pueden hablar con las fuentes oficiales y las fuentes oficiales no pueden hablar con ellos. En algunos casos hay diálogos confidenciales, pero en la enorme mayoría de las veces no son atendidos. María Elena Alpízar, desde su pueblo Placetas, intenta visitar funcionarios, y así la han echado de varias oficinas públicas.

"Yo he tenido problemas de esos porque ya soy muy conocida por esta región y me tienen un odio ancestral casi se puede decir. Yo he ido y hay algunos que no me quieren atender, que han llamado a la Seguridad del Estado en ese momento. [...] Esto me sucedió con el responsable del transporte aquí en el municipio, que fui y por poco me tira una serie de papeles y me botó y yo le dije 'no, yo de aquí no me voy porque yo soy una ciudadana cubana y de aquí no me voy', y 'no que voy a llamar a la seguridad', y yo le digo 'usted puede llamar a quien sea porque yo estoy ejerciendo mi derecho de ciudadana', y la seguridad le dijo que 'no, que ni por nada que figúrate que si yo había ido decentemente que ellos saben que yo era una persona muy educada, que tratara de resolver esa situación', y la seguridad no acudió. Sí, porque ellos saben que a mí hay que matarme porque yo voy con la verdad sinceramente, yo no soy guapa ni me hago la valiente, no, yo digo que la verdad, como dijo Nuestro Señor Jesucristo, 'sólo la verdad nos hará libres', y yo muero por la verdad. Entonces cuando yo tengo un derecho y sé que tengo ese derecho y que estoy defendiendo esa verdad, hay que matarme y ellos saben que hay que matarme."

Orrio es sobre todo un periodista económico y necesita mucha información oficial para sus notas. ¿Cómo hace?

"Yo sí soy un estudioso de las cifras oficiales, las persigo, lo que son fundamentalmente las estadísticas oficiales, o las fuentes oficiales que son inevitablemente necesarias para poder hacer periodismo económico. Hay muchas discrepancias en las mismas cifras. Hay muchas opiniones a propósito de ellas pero cuando esto se investiga en el tiempo se van descubriendo las discrepancias, ciertas regularidades que permiten poder describir una realidad con fuentes serias, con fuentes que el gobierno no puede cuestionar, e ir descubriendo determinado cuadro. Es una tarea que una vez supo llamar un economista extranjero cuando conoció como lo hacía, me dijo 'esto es un armado de rompecabezas'. Y es así cómo yo lo hago. Ahora cuando salió la publicación de los anuarios estadísticos de Cuba que recomenzó los últimos tres años, pero bueno, se hace posible una cosa más sistemática, pero en épocas anteriores yo perseguiría el más mínimo número que apareciera en los periódicos cubanos e iba recopilando eso durante meses. Trabajaba 15, 20, 30 temas al mismo tiempo y estaba recopilando información hasta que podía armar el rompecabezas. Yo he llamado por teléfono a funcionarios pero cuando me presenté diciendo quién soy me cuelga apresurado, no obstante sí he podido en los medios académicos, utilizando las ideas de métodos de protección de fuentes, he podido conversar con más de uno y de cierta importancia, por cierto, pero medios académicos, funcionarios, no. Profesores, investigadores, gente que me conoce además."

También Arroyo se dedica al periodismo económico:

"Cuando me lo permiten y cuando me quieren atender. [...] Nunca me han rechazado violentamente, pero sí han evitado el contacto conmigo debido a que no me atienden y me esgrimen que es un funcionario del gobierno y que le está prohibido atenderme. Voy a cualquier empresa y me presento como un periodista independiente. Rara vez, no lo permiten, hay mucho temor y más los funcionarios del gobierno que temen perder su empleo. Confidencialmente llega información de todas partes y de todos los niveles sino no podría hacer esos artículos que usted ha leído. Son estadísticas públicas que determinadas personas que incluso a riesgo de que la detecten, nos hacen llegar. Nunca ha habido problema, nunca nos han podido acusar de información falsa porque saben que nosotros tenemos la información y que en el momento oportuno la podríamos sacar, esa y alguna más a la luz pública, y eso los perjudicaría mucho más, sería un escándalo, un caso de esos."

Fara Armenteros, en La Habana, explica cómo hace con las fuentes informativas:

"Hice hace poco una nota sobre violencia y drogadicción entrevistando a personas en la calle. Yo les explico que soy periodista independiente. Algunas personas lo aceptan, otras no quieren dar su opinión, otras no quieren que se dé su nombre, a otras no le interesa. En la calle buscamos la información. A veces voy a las oficinas públicas pero es difícil que nos den información. A veces no nos quieren recibir. Me pasó eso el otro día en una funeraria por ejemplo. Para hacer el trabajo este de la violencia, la persona encargada, cuando le dije para lo que era no me quiso dar los datos, no me quiso dar más datos. Y me fui, qué iba a hacer, no podía hacer otra cosa."

Los periodistas independientes no son sólo buscadores de información. De a poco se están convirtiendo en referencias informativas para sus vecinos y para todos aquellos con que se cruzan. En las sociedades abiertas ocurre lo mismo. Un periodista en una reunión social suele recibir más preguntas que las que formula. Pero en Cuba, estos informadores pueden aportar poco. Manuel Vázquez Portal, de *Decoro*, escribió:

"Algunas personas que me conocen y saben que me dedico a hacer periodismo independiente tienen la creencia de que yo tengo más información que ellas. Donde quiera que me ven me someten a interrogatorios que ya quisiera yo poder responderles. Preguntan con la convicción de que puedo satisfacerles su curiosidad. No conciben que yo no posea noticias de última hora. Para ellos el periodista debe saber cuanto acontece en el mundo. No saben, los pobres, que yo vivo tan desinformado como ellos. Soy un periodista sin teléfono, sin fax, sin computadora y sin libre acceso a Internet y, para colmos, no tengo ni radiorreceptor de onda corta. ¿Qué puedo saber yo, de qué puedo enterarme?"

## ÚLTIMAS NOTICIAS

**TESTIMONIO DE YOLANDA HUERGA CEDEÑO, ESPOSA DEL POETA, ESCRITOR Y PERIODISTA INDEPENDIENTE MANUEL VÁZQUEZ PORTAL - ABRIL**

La Habana, (cubanet.org) – "Cuando el 19 de marzo de 2003, entre las 5:30 y 5:45 de la tarde abrí la puerta de mi casa a la policía política, supe que mi familia iba a ser cercenada y mi hijito de 9 años condenado a sufrir vejaciones. Esa tarde será inolvidable para nosotros, y sobre todo para nuestro hijo. Mi esposo, Manuel Vázquez Portal, y yo estábamos en el cuarto conversando cuando llamaron a la puerta. No fueron toques fuertes, más bien mesurados, lo que se contradice con el despliegue policiaco que hicieron al llegar al edificio los agentes de la Seguridad del Estado, según me contaron los vecinos. Muchos de ellos me comentaron que parecía que iban a capturar a Bin Laden: tres carros, dos motos. Catorce hombres subieron a mi apartamento con cámaras fotográficas, de vídeo y otros artefactos propios e impropios de lo que se proponían realizar, todos vestidos de civil. El responsable del "operativo" me metió un papel por los ojos y terminó de empujar la puerta que yo sólo había abierto a medias. Me siguieron hasta el cuarto donde estaba Manuel y le mostraron la orden de registro. A partir de ese momento se dividieron en cuatro bandos, uno con Manuel en la habitación donde escribía, otro conmigo en el otro dormitorio, un grupo estaba en la sala con el jefe, quien se sentó a nuestra mesa a recopilar las "evidencias" y un último bando que entraba y salía de la casa sin cesar. Abajo había otro grupo más, en los alrededores del edificio, pero entonces yo no lo sabía. El niño estaba en ese momento en casa de un vecino y le pedí al "jefe" que me permitiera salir a decirle a éste que retuviera lo más posible al niño para que no estuviera presente en nuestra casa durante el registro. Ellos accedieron, recalcando que no eran monstruos y que no deseaban hacer daño a un niño. Me dejaron salir sin el carnet de identidad y así pude avisar a alguien quien se encargó de divulgar la noticia. Revisaban minuciosamente, con verdadera habilidad, mueble por mueble, gaveta por gaveta; hojeaban los libros, escudriñaban entre la ropa, leían los papeles, miraban las fotografías y hasta opinaron sobre la fotografía de la cubierta del libro de Alexis Díaz Pimienta "Prisionero del agua". Nuestro hijo llegó por fin al cabo de cuatro horas, pues el vecino no pudo entretenerlo más tiempo. El niño miraba con ojos aterrorizados lo que estaba pasando en su casa, no entendía y preguntaba qué hacían esos hombres. Manuel y yo tratábamos de consolarlo y de darle alguna explicación. Se acurrucó en los brazos de su padre temblando como una hoja. Cuando vio los pasaportes le preguntó a Manuel "Papá, ¿y eso?" Y éste le respondió: "Esos son los pasaportes que ya no podremos usar". Alrededor de las 10 de la noche terminaron de husmear en nuestro hogar y se llevaron a Manuel. Al despedirse el niño le preguntó dónde iba. "Voy a dar una vuelta con estos señores, cuida mucho a mamá y pórtate bien que volveré". Ya se iba con su bolsa de aseo para que supiéramos que sería un largo paseo. Días después mi hijo me decía: "Definitivamente debí irme con mi papá para que volviera más rápido". Yo me quedé desgarrada, pero no lloré. Estaba como aturdida, como si hubiera perdido la capacidad de razonar. Todavía no era el tiempo de pensar en nuestros sueños rotos, en mi hombre preso en una celda, en la mirada triste del niño. No era el tiempo de saber, como el poeta, que "a este tiempo llamarán antiguo", y que un día no muy lejano podremos estar de nuevo unidos los tres jugando a la dama en peligro y mi hijo me rescata montado en la espalda de su padre. Sé que Dios nos juntará nuevamente, pero entretanto debemos transitar un camino que dejará cicatrices profundas en nuestras vidas. Unos buenos amigos vinieron a mi casa esa noche, trataron de consolarme y luego me dejaron con mi niño dormido entre los brazos. Al otro día comenzábamos, la hermana de Manuel y yo, el peregrinaje de un lado a otro, que hace un mes iniciamos las esposas y familiares de los opositores y periodistas independientes presos. Primero Villa Marista, la sede de la policía política en La Habana, donde no permiten pararse ni en la acerca de enfrente, te revisan la cartera antes de entrar al edificio. Luego por alguna razón que desconocemos, ya dentro del local, nos pasaron un aparatico por el cuerpo, supongo un detector de metales. Luego nos atendió un oficial, quien nos dijo que mi esposo estaba sujeto a proceso de instrucción y a lo mejor para el próximo miércoles (en una semana) veríamos al instructor. Esto no sucedió hasta después de celebrarse el juicio en que Manuel fue sentenciado a 18 años de prisión. Durante cuatro miércoles hemos esperado 2 ó 3 horas en la antesala de la Seguridad del Estado, los 10 minutos que nos concedería, según su estado de ánimo, el oficial encargado de atendernos. La primera visita fue de sólo 5 minutos a pesar de explicarles que al otro día debíamos dar respuesta, Manuel y yo de si se le realizaba a nuestro hijo una operación quirúrgica muy delicada. El viernes 28 de abril nos citaron a Villa Marista. Allí, después del mediodía, nos atendió, a mis cuñadas y a mí, un coronel que no se presentó, pero nos dijo que debíamos nombrar un abogado, pues Manuel sería encausado. Al indagar sobre el delito me respondió: "será juzgado por la Ley 88". Yo insistí "¿pero qué artículos". "No se preocupe, ya se lo dirá el abogado", ripostó. Durante el fin de semana, correteamos La Habana, mi cuñada Xiomara y yo y, por fin, el lunes 31 pudimos hacer el contrato con la abogada Amelia Rodríguez, del bufete colectivo de Carlos III. Al otro día, martes 1 de abril, por la tarde me llamó Xiomara a mi casa en Alamar para decirme que la abogada había sufrido, de pronto, una hipertensión arterial y había renunciado al caso. Desesperada, busqué un teléfono para llamar a alguien que me orientara, fui a ver a una vecina y se negó rotundamente a prestarme el teléfono. Tenía miedo. El miércoles 2 el bufete colectivo pasó el caso a otro abogado, Antonio Lorenzo Hernández, quien, según él mismo nos manifestó, atendía asuntos laborales, y a las 5 de la tarde de ese día nos encontramos con el futuro defensor de mi esposo. Le pregunté al abogado si él podría ver el jueves a Manuel, pues ya sabíamos que el juicio sería el viernes 4. Me respondió que no, pues tenía otra vista, pero que seguramente lo vería momentos antes del juicio. Así mismo fue, momentos antes del comienzo de la vista, pudo presentarse a Manuel. Así llegamos al 4 de abril de 2003, fecha en que Manuel y otros tres acusados fueron juzgados. Ese día Xiomara y yo nos levantamos muy temprano y alrededor de las 6:30 A.M. llegamos al tribunal de 100 y 33, donde se celebraría la vista. En la calle de entrada al edificio había un carro patrullero. Nosotras cogimos por la acerca de enfrente y, encomendándonos sólo a Dios, entramos hasta el portal del Tribunal. Ya había, a esa hora, muchos hombres vestidos de civil pero con walkie-talkies. Después fueron llegando más policías, oficiales del MININT y algunos que supuse serían agentes de la Seguridad. También llegó un teniente coronel, que me pareció que era el que daba las órdenes afuera. Desde donde estábamos sentadas se veía, en el paseo de la calle 100, a un grupo de personas que supongo era el resto de los familiares de los acusados. Recuerdo que uno de los oficiales le preguntó a otro quiénes éramos nosotras y el aludido respondió bajando la voz: "familiares" Me dio la impresión de que no estábamos en el lugar adecuado. Sentadas desde nuestro banco en el pórtico del Tribunal, vimos traer a los prisioneros, cada uno en un carro de policía custodiado por dos guardias y el chófer. Venían esposados como criminales de alta peligrosidad. Desde allí pude enviar un beso a Manuel que me respondió con una sonrisa. El juicio debía comenzar a las 8:30 A.M. pero debido a que los abogados llegaron atrasados (¡estos camellos!) empezó mucho más tarde. A la sala donde se celebró, nos entraron primero a los familiares, madres, esposas, hijos, hermanas y hermanos y después llegaron unos grupos de personas que no conocíamos y se llenaron los bancos. Yo me alarmé porque sabía que otras dos hermanas de Manuel venían en camino desde Morón para presenciar el juicio y salí a decirle al acomodador de las personas de la sala que faltaban dos familiares de mi esposo. Primero interpelé a un joven alto con walkie-talkie, me miró con cara de pocos amigos y me preguntó: "¿Pero ellas están en la lista?" Yo me sorprendí y le pregunté a mi vez: "¿Qué lista?" Entonces no me respondió y me indicó: "Vaya a ver a ese compañero". Es decir, al acomodador. Fui diligente a éste y le expliqué lo que quería y me tranquilizó diciéndome que no habría problemas con mis cuñadas. Así fue. Con la entrada de los abogados comenzó el juicio. En el caso particular de Manuel, yo salí esperanzadísima del juicio, me sentía orgullosa por su valentía y firmeza, pues no se dejó amedrentar por el fiscal. El instructor, teniente coronel Roberto, al igual que el fiscal dijo que eran apátridas, serviles, etc., pero a mi modo de ver no parecía que tuviera tantas "evidencias", porque hasta el agente Miguel (cría cuervos que te sacarán los Orrios) no había podido aportar mucho. Eso era lo que pensaba yo, 40 años oyendo hablar de justicia me dieron esa falsa esperanza allá en el fondo de mi subconsciente. Me quedé de una pieza cuando tres días más tarde en el Tribunal Provincial, después de una larga espera, me entregaron la sentencia de 18 años de prisión para Manuel. Todo este tiempo hemos vivido en un marasmo de gestiones infructuosas. Nosotras, las esposas, nos juntamos como ovejas para hablar de nuestros maridos, andamos en pequeños grupos para defendernos del terror, dudamos de todo y de todos pero una fuerza más poderosa que nosotros mismas nos empuja y nos alienta a seguir adelante, a pesar del miedo; una fuerza que no pueden encarcelar: el amor. Pasamos largas horas esperando en la recepción de Villa Marista, largas horas en los bufetes, en el tribunal, y horas también largas consolándonos unas a otras, asegurándonos que sucederá un milagro y pronto estaremos de nuevo abrazando a nuestros esposos, contándole que fue también la nuestra una horrible pesadilla y ya abrigadas por sus brazos de hombres grandes aliviar tanto dolor y rabia. Unos días después de la detención de su padre, el niño se echó a llorar de repente, lo calmé como pude y le dije: "¿Qué es lo que te dijo siempre mamá de papá? ¿Por qué debes estar orgulloso?" Y él me contestó con la voz quebrada y muy bajito, bajito me dijo: "Porque es un héroe". Había llegado el momento que tanto temí a lo largo de 9 años. Después que Manuel dejó la prensa oficial y comenzó a desempeñarse como periodista independiente yo vivía en una continua zozobra. Cada vez que tocaban a la puerta, pensaba que serían agentes de la Seguridad para amenazarlo con la cárcel; si Manuel demoraba algo más de lo acostumbrado para regresar a casa, yo sufría. Cuando, por las mañanas, marchaba a hacer su trabajo, lo despedía con un beso y lo seguía con la vista pensando que mis ojos podrían protegerlo y defenderlo de los que lo acechaban. Pero lo más doloroso era la contradicción en la formación del niño. Por un lado la escuela, donde como a todos lo atosigaban con consignas políticas que, afortunadamente, no entienden a derechas. Por otro lado, su padre luchando con la palabra escrita para mejor la sociedad en que vivimos. La maestra del niño me contó que algunas maestras habían expresado la duda de si el niño estaba imbuido de las ideas de su padre, lo cual ella negó. Me alegro por esa maestra comunista que me lo protegió lo que pudo contra la perfidia de otros. Otra vez, un vecino le dijo a mi niñito: tu papá escribe contra Cuba. Gabriel no quería bajar a jugar, estaba apenado. Yo le dije: "Tu papá no escribe contra Cuba, escribe contra el gobierno de Fidel Castro, díselo así". Y mi hijo me respondió: "Mamá, decir eso es peor". Esto nunca se lo conté a Manuel. Ante mis continuos ruegos, Manuel decidió solicitar refugio político en los E.U., el cual le fue concedido el 24 de octubre de 2000, pero el 28 de noviembre de ese mismo año nos llegó a nuestro hijo y a mí el permiso de salida de Cuba, no así el de Manuel, que le fue retenido hasta el 18 de octubre de 2002 cuando los vuelos de refugiados estaban suspendidos. Así, esperando, nos sorprendió este golpe esa tarde del 19 de marzo de 2003."

## 17. Hombres libres que están presos

Los nuevos periodistas de la nueva prensa provienen de profesiones diversas, y la mayoría nunca quisieron o pudieron pasar por las facultades de periodismo de la isla. Pero han encontrado en el periodismo su forma de expresión, su pequeña palanca para contribuir al cambio político, y además una profesión que les gusta por sí sola. En Ciego de Ávila varios militantes opositores jóvenes se convirtieron en periodistas. Fue el caso de Mirley, de Lexter o de Pablo Pacheco. Cuando era más joven, este último creyó en la vía armada para derrocar al régimen y estuvo preso por eso. Ahora lo considera un "error de inmadurez" y ejerce el periodismo de una forma que su director de agencia, Raúl Rivero, elogia mucho. Pero la policía política lo sigue provocando para que Pacheco explote y durante 2002 lo detuvieron tres veces. En el año 2001 su hijo más pequeño no fue aceptado en el jardín de infantes "por falta de sitio".

La enfermera Mirley cuenta cómo fue el ingreso de ella al periodismo:

"La *Agencia de Prensa Libre Avileña*, fue una idea muy grande de Lexter. Yo estoy casada con el hermano de Lexter. Nos apoyamos en otros periodistas que sabían mucho más de periodismo que nosotros, y llevaban muchos más años, como Jesús Álvarez Castillo o Normando González. Comenzamos en la agencia Lexter y yo solamente, y después se nos unió la novia de Lexter que ella sí era periodista de la radio, o sea de las radios avileñas, era periodista, y tuvo una serie de problemas, la sacaron de la radio y todas esas cosas cuando se enteraron que ella era la novia de Lexter. Ellos están separados ahora. Se llama Daimarelis Pérez. Entonces se nos unió a nosotros también, de Morón, José Manuel Caraballo Bravo. Morón es un municipio de aquí, de la provincia de Ciego de Ávila, y en esos momentos nos encontramos en la agencia, actualmente, trabajando como tal, cinco. Nosotros seguimos mucho lo que son las noticias sobre las violaciones de derechos humanos que existen en este país, pues las denunciamos a *Radio Martí*, a *Cubanet*, todas esas denuncias de todo lo mal que se hace aquí nos llega a nosotros, siempre verificando la noticia, pero es lo que estamos haciendo. Salimos a la calle, prácticamente salimos a la calle a buscar la noticia, muchas personas se nos acercan, también y nos llevan la noticia a la casa. En eso tenemos muchas dificultades porque aquí ya le digo, existen las mínimas condiciones para trabajar. Estamos escribiendo a mano, no tenemos máquina de escribir. La máquina de escribir que teníamos que era de Juan Carlos, bueno, la policía política cuando hizo el registro después del 4 de marzo, bueno todo eso se lo llevaron ellos y no lo han devuelto. Y toda esa información se da por teléfono. Por fax lo podemos pasar pero para poderlo pasar por fax tenemos que ir a Camagüey, que está a más de cien kilómetros de aquí. Tenemos que ir para allá y que él nos lo pase por el fax para *Cubanet*. No tenemos acceso a e-mail. Aquí nadie tiene acceso a Internet, por la única vía que nosotros tenemos acceso a Internet es que usted le pase a Normando y él lo pasa para Internet pero todo esto es vía telefónica. No he navegado por Internet, quien navegaba por Internet era Lexter cuando iba a la Embajada (de Estados Unidos), nosotros pedimos un día para navegar por Internet y de ahí se sacan todas las noticias que nosotros vamos tirando que salen por Internet. Pero para eso hay que ir a La Habana."

En febrero de 2003 hay cuatro periodistas libres presos. Lexter, fundador junto con Mirley de la *Agencia de Prensa Libre Avileña*, es uno de ellos. El 27 de agosto de 2002, el Tribunal Municipal Popular de Ciego de Ávila solicitó seis años para él. Lexter tiene 28 años. Él ya había estado en la cárcel por un robo y eso agravó el pedido de pena. Las autoridades respondieron al Grupo de Trabajo sobre la Detención Arbitraria de las Naciones Unidas que Lexter no era más que "un simple delincuente [...] un elemento antisocial, impulsivo, irrespetuoso, provocativo en su actitud hacia las autoridades", y que en varias oportunidades había intentado abandonar ilegalmente el país.[1] Mirley describe la detención:

> "Eso fue el 4 de marzo de 2001. Juan Carlos había convocado a una reunión en su casa donde quería que estuviesen los periodistas también, en Ciego de Ávila. Era una reunión que se iba a hacer con todos los opositores, entonces cerca de las dos de la tarde o antes, no recuerdo bien la hora exacta que sucedieron los hechos, él y Jesús Álvarez Castillo salen a buscarme a mí porque yo no había llegado y ellos estaban muy, muy preocupados porque ya le digo, el asedio de la policía política es tan grande, tan grande, que ellos tenían miedo de que a mí me hubiera pasado algo. Entonces ellos salen a buscarme a mí y en la esquina del correo, en la esquina de Ciego de Ávila, tenían un operativo montado, entonces el operativo montado lo tenía la policía política y la policía nacional revolucionaria y ahí cogen a Lexter y a Jesús que es un periodista de *Cuba Press*, un periodista independiente también, y entonces le dan una llave de estrangulación a Jesús. Jesús había sido operado de la cervical hace unos años atrás, y fue tan fuerte la llave que le hacen a Jesús que lo dejan sin conocimiento y entonces la misma policía, cuando ve que Jesús se desmaya, se lo llevan para el hospital y entonces Lexter sale corriendo para donde nos encontrábamos nosotros, que ya yo había llegado a la casa de Juan Carlos, y entonces de ahí se sale para el hospital a ver el estado de salud en el que se encontraba Juan

---

1. Lionet, Christian, "La información, coto privado del Estado". Informe de misión en Cuba de Reporteros sin Fronteras. 17 de diciembre del 2002.

Carlos y bueno, Lexter y el otro periodista que se encontraba también entre nosotros, salen para el hospital a buscar la noticia y allí en el hospital, yo no me encontraba en esos momentos, yo llegué un poco más tarde, y ahí es donde la policía política se la emprende a golpes con ellos, los montan en los carros de patrulla y se los llevan detenidos. [...] No nos dejaron verlos más. Estuvieron en la sede de la policía política de aquí, de Ciego de Ávila, cinco días y a los cinco días los fueron trasladando para las diferentes provincias. A Lexter lo mandaron para Cienfuegos, que es una provincia distante de aquí, a Juan Carlos González Leiva lo llevaron para Holguín, a Carlos Brizuela que es el otro periodista independiente de Camagüey lo mandaron para Holguín también y a todos los fueron ubicando en provincias diferentes, no los dejaron en la misma provincia. Bueno, mire, la sede de la Fundación Cubana de Derechos Humanos se encuentra aquí, en Ciego de Ávila. Yo pienso que la represión más fuerte que existe en esos momentos en la isla es aquí, en Ciego de Ávila, porque es la sede de la Fundación Cubana de Derechos Humanos y ellos estaban viendo que cada día que pasaba se iban incrementando más personas y más personas a la Fundación Cubana de Derechos Humanos. En el mes de febrero del 2002 la Fundación Cubana de Derechos Humanos hizo un congreso donde se reunieron 114 personas y eso los golpeó mucho, mucho a ellos. Exactamente, la represión se hizo el 4 de marzo pero ya nosotros habíamos recibido una represión muy grande el 25 de diciembre del 2001, muy grande, en el municipio de Florida que pertenece a la provincia de Camagüey donde fuimos fuertemente golpeados, incluyéndome a mí, cinco periodistas independientes y tres activistas de derechos humanos que nos encontrábamos en la casa del secretario nacional de evangelización de la Fundación Cubana de Derechos Humanos, donde se iba a hacer la inauguración de una biblioteca independiente. La policía política nos fue arriba, la emprendió a golpes con nosotros y eso fue terrible, fue terrible, nos provocaron heridas, a Normando, golpes. Eso fue el 25 de diciembre y en febrero fue cuando se hizo el congreso y yo pienso que ellos tomaron esa represión tan fuerte, tan fuerte por eso mismo, porque en el congreso se logró reunir a esas 114 personas y ellos estaban viendo que la Fundación Cubana de Derechos Humanos estaba teniendo mucha fuerza y a ellos no les convenía eso y yo pienso que haya sido por eso. El 2002 fue un año de mucha violencia tanto para los periodistas como para la gente de la Fundación Cubana de Derechos Humanos y otras organizaciones. Ellos tienen muchas represalias sobre nosotros, yo diría que demasiadas represalias sobre nosotros. Yo diría que prácticamente los ponen personas a vigilarnos, a seguirnos, para donde quiera que nosotros cogemos. Nos citan para la sede de la policía política donde nos amenazan. A mí me han amenazado hasta de muerte por teléfono y me han tirado muñecas de trapo con heridas en el abdomen, un tiro en la frente, toda esa serie de cosas para mí. Yo pienso que es como cada día que pasa las personas se dan más cuenta del sistema que tiene este gobierno cubano, y como diríamos nosotros los cubanos, se están dando cuenta de la verdad y como se están dando cuenta de la verdad se van uniendo y se van uniendo cada día que pasa más opositores, más opositores y esto los golpea mucho a ellos. Y al golpearlos mucho a ellos, ellos toman la represión un poco para frenar la oposición. Lexter tiene visitas cada 21 días de una hora u hora y media, según el comportamiento que él tenga ahí adentro. Un ejemplo, si él, un poco que como dicen ellos está un poco agresivo, entonces suspenden las visitas completamente y hay que esperar hasta el otro mes que le vuelve a tocar la visita. Todavía no lo han condenado, el juicio no se ha realizado todavía y ya llevan nueve meses ahí adentro, va ya, el día cuatro llevan diez meses, y no han celebrado juicio, no se sabe cuándo se va a celebrar ese juicio. La petición fiscal que tiene Lexter es de seis años. Los cargos que se le imputan son: desacato a la figura del comandante, resistencia, desobediencia y desorden público. A ellos, a todos se les puso abogado, pero lógico, abogados de este sistema. Ellos te dan para que busques un abogado pero prácticamente estos abogados trabajan con ellos porque aquí nosotros tenemos pleno conocimiento de que los abogados trabajan prácticamente para Seguridad del Estado porque para ser abogado aquí tienes que ser así sino no puedes ser abogado. La mamá de Lexter cuando habla con el abogado, porque él prácticamente está en el aire, como nosotros, no sabe el día en que va a ser el juicio ni cuándo puede ir a visitarlo allí un poco para tomar los detalles de cómo sucedieron los hechos y toda esa serie de cosas, pero ellos tampoco saben cuándo va a ser el juicio ni a cuánto puede ser condenado ni nada de eso. Lexter tiene 27 años. Si usted quiere le puedo hablar de la salud de Lexter en estos momentos. A Lexter lo tenemos en estos momentos hospitalizado en un hospital militar en La Habana porque está presentando un problema muy grave de la visión. Lexter cuando era pequeño que tenía 5 años sufrió un traumatismo severo en el ojo derecho. Y el traumatismo lo venía afectando estos años, pero se le agudizó mucho más dentro de la prisión porque Lexter se encuentra en una celda de aislamiento en la prisión provincial de aquí, de Ciego de Ávila, en donde no tiene ventilación, no tiene claridad ninguna, las paredes están completamente de blanco que eso afecta un poco más la visión, un bombillo de 60 watts en el pasillo de la celda es toda la iluminación que Lexter tiene. Se lo llevaron para La Habana, la policía política, porque Lexter venía presentando un problema de opacidad en los medios de la visión y le estaba subiendo la presión y cuando lo llevan para La Habana, el médico diagnostica ya en La Habana que Lexter perdió completamente el cristalino del ojo derecho, o sea no tiene visión en ese ojo y no tiene solución ni aún operándolo. [...] Dice el médico que un poco se resuelve con los espejuelos por ahora, porque viene presentando problemas en el ojo izquierdo también. Ya ha controlado un poco la presión, ya se le ha controlado un poco pero el problema de la visión es muy preocupante porque como está en esa celda pintada de blanco eso afecta mucho más, y la iluminación en condiciones infrahumanas. No sabemos a lo que pueda llegar Lexter, si puede quedarse completamente sin visión de los dos ojos. La policía política no admite visitarlo. Solamente admitieron la visita de la madre y ella se fue para La Habana y la dejaron verlo en tres ocasiones, pero ella no puede estar permanentemente con él porque ahí en este hospital militar él se encuentra en una sala para presos con rejas y esa serie de cosas que es para presos solamente. El problema es que Lexter ya llevaba prácticamente tres meses con esa presión y no le habían brindado ni la más mínima asistencia médica. Un problema de hipertensión en una persona puede ser muy grave, puede provocar un infarto. No le brindaban la más mínima asistencia médica. En la última visita en la que fuimos él nos lo dijo. La afección de la vista lo sabíamos pero el problema de la presión no. Entonces en la última visita que nosotros fuimos nos dijo que se sentía muy mal, que los dolores de cabeza eran persistentes, que la presión le estaba subiendo, que no lo asistían, incluso no lo llevaban a la enfermería a tomarle la presión, porque en el penal hay una enfermería pero ni eso hacían. Entonces nosotros nos quejamos a los funcionarios de la policía política, que se encuentra siempre uno allí en la prisión con él, y nos quejamos y debido a las quejas decidieron trasladarlo para La Habana porque ya la situación de Lexter comenzaba a agravarse."

Cuando visité Ciego de Ávila, en febrero de 2003, estuve reunido varias horas con Pablo Pacheco y con Pedro Argüelles. A Pablo Pacheco lo detuvieron tres veces durante 2002 y Pedro Argüelles está acusado de "desacato" por emitir desde la cárcel en que se encontraba detenido como disidente informaciones sobre derechos humanos que cuestionaban a los funcionarios. Argüelles recibe cada tanto la visita de la policía política para una cordial "conversación de intereses".

"Nunca se ha celebrado el proceso, pero al periodista podrían condenarle a dos años de cárcel de un día para el otro", dice el excelente y detallado informe de *Reporteros sin Fronteras*, elaborado por el francés Christian Lionet, quien recorrió la isla en un auto recogiendo la información. Ellos dos fueron algunos de los pocos nombres que mis interrogadores de la policía política en La Habana me echaron en cara. Allí, en Ciego, se percibía más nerviosismo que en otras ciudades que visité. Jesús Joel Díaz Fernández había sido director de la Cooperativa Avileña de Periodistas Independientes (CAPI) y cumplió dos años en la cárcel por "peligrosidad". Fue en 1999, el mismo año que recibió un premio internacional a la libertad de prensa. En enero de 2001 fue liberado y volvió a CAPI, pero volvió también el acoso y se hizo inminente un nuevo encarcelamiento. A principios de 2002 se fue de Cuba.

Llegué a la casa de Pablo hacia el mediodía de un sábado y me impresionó la pobreza de todo el barrio. Su mujer es la médica del lugar y tienen dos pequeños hijos. Nos fuimos a la casa de Pedro Argüelles y allí filmé y grabé sus testimonios. Ambos me señalaron quiénes eran sus vecinos chivatos y les pedí autorización para filmarlos. No me dejaron, pues dijeron que sería una provocación. Lo mismo me dijo otro periodista libre cuando, en la ciudad de Santa Clara, le sugerí filmar a los oficiales de la Seguridad del Estado que le impidieron acceder esa mañana al juicio público de un disidente y charlaban alegremente como paisanos en la puerta de los tribunales. Los periodistas independientes quieren ejercer sus derechos, no provocar. Es la dictadura la que provoca.

## ÚLTIMAS NOTICIAS

**PLANTADOS PERIODISTAS INDEPENDIENTES CONDENADOS A VEINTE AÑOS DE CARCEL**
**13/04/2003**

Por Estrella García /Habana Press

La Habana, (NPC) abril 13.- Los periodistas Pedro Argüelles Morán, director de la Cooperativa Avileña de Periodistas Independientes (CAPI) y Pablo Pacheco Ávila, integrante de esa agencia, condenados a 20 años de prisión, se encuentran "plantados" desde el 7 de abril en los cuarteles de la policía política, exigiendo que «los pongan a todos juntos o los pasen a una prisión».

Abel Escobar Ramírez, periodista de Cuba Press en Ciego de Ávila, informó que tienen visitas dos veces por semana y que Pacheco Ávila ha recibido tratamiento para la presión arterial y las migrañas.

Nueva Prensa Cubana (www.nuevaprensa.org) / Reportó desde La Habana, Estrella García / Habana Press

## 18. El más famoso

A pesar de la perspectiva de soledad desértica, son cada vez más los que cruzan la línea e ingresan a la disidencia. Incluso varios que fueron fervientes revolucionarios, como Raúl Rivero, el más conocido de los periodistas independientes de Cuba. Rivero fue corresponsal en Moscú de la agencia oficial cubana *Prensa Latina*, y ese parecía un puesto de lujo en la carrera de un periodista oficial. En realidad era uno de los mejores lugares para convertirse en disidente. Por lo menos dos de los periodistas que precedieron a Rivero en Moscú rompieron con el régimen.

El primero fue Juan Arcocha, el acompañante de Jean Paul Sartre y Simone de Beauvoir en su viaje iniciático a Cuba revolucionaria, cuando escribieron *Huracán sobre el azúcar*. En 1963, Castro viajó a la URSS y ya Juan Arcocha era el corresponsal de *Revolución* en Moscú. Era castrista y no tenía simpatía por los soviéticos. Presentaba al comunismo cubano como vivaz y al ruso como rígido, finalmente la realidad fue a la inversa, como lo demostró la historia. Su cobertura ofendió a los soviéticos y Arcocha fue expulsado. Se instaló en París y desde allí quiso convencer a la pareja intelectual más célebre del mundo en ese momento que la revolución no era lo que había sido. Le respondió Simone:

> "Querido amigo, no tenemos ganas de volver a Cuba. Sabemos que las cosas van mal. Este nuevo viaje acarrearía una gran decepción y nosotros quisiéramos conservar la maravillosa primera impresión que tuvimos de Cuba que ya se nos nubló la segunda vez. En otras palabras, queremos mantener vivo el recuerdo de la luna de miel de la Revolución."[1]

---
1. Vázquez Montalbán, Manuel, *Y Dios entró en La Habana*. Madrid, Aguilar, 1998, p. 287.

El segundo caso fue Heberto Padilla, quizás la principal crisis que tuvo el régimen hasta ahora con la comunidad intelectual mundial. Padilla había sido corresponsal en Praga y Moscú del diario *Granma* y perdió su lugar en 1968, el dramático año de la primavera de Praga y de las manifestaciones juveniles mundiales. Su novela *Fuera de juego* había ganado el Premio de la Unión Nacional de Escritores y Artistas de Cuba (UNEAC). Continuó escribiendo poesía y novela hasta que fue detenido en marzo de 1971. En la cárcel redactó una autocrítica y fue obligado a leerla en un congreso de escritores en presencia de Fidel Castro. Desde Europa, un grupo de escritores entre los que estaban Sartre y Gabriel García Márquez envió una carta a Castro en que le dijeron que su actitud "recuerda los momentos más sórdidos de la época del estalinismo, sus juicios prefabricados y sus cacerías de brujas".

Raúl Rivero seguiría la misma tradición. En su casa, en febrero de 2003, me explicó que Cuba resulta más parecida a Corea del Norte que a lo que era la Unión Soviética, donde existía un mundo cultural alternativo. Rivero formó parte de la primera generación de periodistas egresados de la universidad después del triunfo de la revolución. Esa primera promoción está hoy tan dispersa como lo están los cubanos por el mundo: están los que ocupan los lugares más altos del periodismo cubano, los que están en el exilio y Raúl, que está en la disidencia residente en la isla.

"Yo le voy a decir que para mí siempre fue un proceso doloroso hablar esto porque realmente esos tres años en Moscú me sirvieron, porque yo ahí trabajaba con muchos contactos, con corresponsales de otras agencias y de otros periódicos y de otros países ¿no? Y yo tenía la limitación de ser el corresponsal de un país socialista en un país socialista. Nosotros teníamos que consultar algunas cosas antes de enviarlas con la redacción española de la agencia *TASS*, que era la agencia oficial soviética, con la cual teníamos nosotros el convenio de colaboración, y me di cuenta que yo prácticamente era un mensajero. No así tan tajantemente como lo puedo expresar ahora pero sí había una cosa que no me sonaba bien, que no me hacía sentir bien. Y por otra parte yo estaba acostumbrado a hacer un periodismo celebrativo y de elogio y de canto y de canción y nunca crítico. Las críticas se quedan en el ámbito de la dirección del periódico y quizás lo elevan a los organismos del partido pertinentes y a lo mejor entran, resuelven el problema en el plano privado, nunca se publica. Por ejemplo, si se moría un alto dirigente soviético y no salía en la prensa soviética pero nosotros nos enterábamos, los corresponsales nos enterábamos, porque ahí *Reuters* o cualquier otra agencia, *AP*, *UPI*, toda esa gente tenía informantes y contactos extraoficiales y entonces como colega nos pasábamos la información. Pero una vez que yo estaba enterado de todo eso, yo no podía darla directamente para La Habana, yo tenía que llamar a *TASS* y decir, 'oye, ha pasado tal cosa, tengo esta información', 'no, no, no ha pasado'. Y entonces no había pasado, es decir, yo no lo podía dar porque éramos países hermanos ¿no? Yo iba a la redacción de español de *TASS* que la dirigía un comunista español que había estado en la República, que era una persona de confianza de ellos pero que era un español. Y con él teníamos esa relación para controlar. [...] Había muchos problemas en esa época con los judíos que estaban tratando de emigrar, que protestaban, que querían volver a Israel, y entonces esa información era absolutamente prohibida para los corresponsales nuestros, para nosotros. Estaba por ejemplo en pleno vigor el Dr. Sajarov, que hacía conferencias de prensa, nosotros no asistíamos a nada de eso, siendo una cosa importante, porque era agresivo para el Estado soviético y nosotros no podíamos darlo, aunque yo me enteraba de todo, pero no lo podíamos dar, ¿no? No podía tener contactos con disidentes soviéticos. Yo sabía que existían publicaciones *underground* y revistas literarias y todo eso, pero yo aunque sabía de las actividades de Sajarov y su grupo y de otros intelectuales, etc., y desde luego estaba informado de la situación, y estuve en la tumba de Boris Pasternak[2], que sabía todo lo que estaba pasando, pero como una curiosidad personal, pero no para manejarlo como informativamente. Fui por ejemplo a algunas exposiciones de pintura y esto, pero a título personal, porque yo sabía que no podía escribir sobre nada de eso pero bueno no podía mantenerme al margen. Aparte yo conocía a muchos escritores allí, conocí a muchos periodistas rusos y aunque yo no quisiera, los corresponsales amigos míos me llamaban, los otros corresponsales extranjeros, y me decían por ejemplo que una vez hubo una explosión en el metro de Moscú que hubo varios muertos y el corresponsal de *Reuters*, que era amigo mío, él fue el primero en saberlo y después que él vio, lo mandaba para su agencia y después lo compartía con sus amigos, él tenía la primicia. Yo pienso que fui el segundo que me enteré porque teníamos buenas relaciones y yo llamé a *TASS* y me dijeron que no había pasado así que no lo escribí. Yo creo que fue una experiencia muy importante porque yo vi a periodistas de verdad trabajando y tenía relaciones con ellos, con periodistas norteamericanos, periodistas italianos, la gente de *ANSA*, incluso algunos periodistas de periódicos de la izquierda pero que hacían un periodismo mucho más abierto ¿no? Estoy pensando en periodistas de *L'Unita* y de otros periódicos. [...] De América Latina no había nadie más. Había un corresponsal de periódico del Partido Comunista mejicano pero que también hacía las veces de representante del partido allí. Porque yo desde luego, en ese momento con veintitantos años, yo nunca pensé en tener una disidencia pública con el gobierno, porque yo era un hombre todavía que creía que este proceso era lo mejor del mundo, que este proceso era lo mejor para mi país. Lo que sí me decepcioné de este trabajo y decidí al volver a Cuba, y ahí nos volvemos a entroncar con nuestra conversación, no ir más de corresponsal

---

2. Boris Pasternak. Novelista y poeta soviético. Premio Nobel de 1958 por su novela *El Doctor Zivago*, al cual tuvo que renunciar por presiones políticas.

a ningún lugar ni tampoco trabajar más información política en la calle y entonces a mí me tocaba ir después a Madrid o a Belgrado, después de un año en La Habana ¿no? Y después de llegar aquí me plantearon lo de esta oficina cultural y dije que sí que la iba a hacer con mucho gusto porque a mí siempre me interesó la información cultural y la hice y decidí quedarme ahí trabajando los temas culturales donde había un poco más de margen para meterse. Empecé a hacer periodismo cultural porque no había que tocar los temas políticos, ni nada, hablaba de literatura o entrevistaba a un pintor de paso por aquí, o a un músico, es decir, me sentía mucho mejor y podía hacer una cosa más creativa."

■ ■ ■

### La Habana: "Orden de registro", por Raúl Rivero

¿Qué buscan en mi casa
estos señores?
¿Qué hace ese oficial
leyendo la hoja de papel
en la que he escrito
las palabras "ambición", "liviana" y "quebradiza"?
¿Qué barrunto de conspiración
le anuncia la foto sin dedicatoria
de mi padre en guayabera (lacito negro)
en los predios del Capitolio Nacional?
¿Cómo interpreta mis certificados de divorcio?
¿A dónde lo llevarán sus técnicas de acoso
cuando lea las décimas
y descubra las heridas de guerra
de mi bisabuelo?
Ocho policías
revisan los textos y dibujos de mis hijas
se infiltran en mis redes afectivas

y quieren saber dónde duerme Andreita
y qué tiene que ver su asma
con mis carpetas.
Quieren el código de un mensaje de Zucu
y en la parte superior
de un texto críptico (aquí una sonrisa triunfal
                                        del camarada)
"Castillos con caja de música. No dejo salir
al niño con el Coco. Yeni".
Vino un especialista en intersticios
un crítico literario con rango de cabo interino
que auscultó a punta de pistola
los lomos de los libros de poesía.
Ocho policías
en mi casa
con una orden de registro
una operación limpia
una victoria plena
de la vanguardia del proletariado
que confiscó mi máquina Cónsul
ciento cuarenta y dos páginas en blanco
y una papelería triste y personal
que era lo más perecedero
que tenía ese verano.

(Del poemario *Puente de guitarra*, publicado en el año 2002 por la Universidad de Puebla, México.)

## 19. El caso Orrio

Dijo Manuel David Orrio, en La Habana, que los cubanos cada vez "nos dan más luz". Su vivienda está a una cuadra de la sede principal de la Central de Trabajadores de Cuba (CTC). Es una clásica vivienda habanera muy mal mantenida donde viven muchas familias, y varias de ellas han cooperado de distintas formas con el periodista Orrio y su mujer, también periodista. Además de las denuncias personales que a veces le realizaban los vecinos, también daban pistas sobre hechos que habían visto. En la casa de Orrio asistí a una clase de montaje que formaba parte de un curso que estaban tomando los miembros de la agencia para salir a filmar a la calle. Orrio se convirtió en uno de los principales referentes del nuevo periodismo cubano. Formó parte de la *Cooperativa de Periodistas Independientes*. Este es su relato sobre su vida en el periodismo libre:

"Concretamente hay un momento muy interesante en la historia del periodismo independiente que es que hay una cohesión en el período que está entre el verano de 1995 y digamos septiembre, octubre de ese año, hay todo un movimiento de gente que logra vertebrarse y que logra organizarse en distintos grupos de periodistas y se puede decir que surge esta eclosión que es resultado de años. O sea, había periodistas independientes incluso en el presidio político, se pudiera decir así, gente que tiene trabajos publicados en periódicos del exterior mientras estaban presos y trabajos con calidad periodística. Estamos hablando de una serie de personas que en este momento están exiliadas pero que se mantienen vinculadas al periodismo de una manera u otra. Pudiéramos hablar de Rolando Cartaya que es periodista de *Radio Martí*, que hace un tiempo fue un destacado periodista cultural del diario *Juventud Rebelde*. Estamos hablando de Ariel Hidalgo, un profesor de marxismo que a partir del marxismo se convirtió en disidente, cumplió prisión; de Néstor Díaz Rodríguez y toda una gente que se las arreglaron desde la misma prisión para hacer prensa y publicaron en distintos periódicos del exterior de Cuba. He tenido la oportunidad, el privilegio de leer algunos de esos artículos y realmente me sorprendió ver su calidad periodística. Así que por lo tanto yo entro en esa vorágine y comienzo una carrera de la que hoy en día pues estoy realmente enamorado, o sea hoy me siento absolutamente periodista. Ese es el principio, hay distintos momentos, distintos hitos pero básicamente comienzo de esa forma. Creo que hay dos hechos importantes. En primer lugar hay un hecho tecnológico por decirlo así. Como le dije, en una primera etapa yo fui más bien un opositor político propiamente. 1994 es un año que tiene toda una crisis: la crisis de los balseros[1], la despenalización del dólar[2]. Pero hay un hecho que pasa inadvertido en la historia cubana o que no ha sido quizás suficientemente destacado por los historiadores y que es un hecho de carácter tecnológico. En 1994, la empresa telefónica de Cuba se moderniza y surgen posibilidades de comunicación que hasta ese momento no se podía contar con ellas. Si yo le digo a usted que para llamar a los Estados Unidos, para hacer una llamada telefónica, usted podía pasar días intentándolo. Desde Cuba había filas de personas en determinados centros telefónicos. Hay una modernización importante que comienza en el año 94 en la empresa telefónica de Cuba y que abre un espacio de comunicaciones directas rápidas que a mi juicio es algo que debe ser estudiado en cuanto a que se relaciona, porque al año siguiente hay una gran eclosión no sólo del periodismo independiente sino también del movimiento cubano por los derechos humanos en su conjunto. Ese es un primer punto. Ahora segundo punto: desde hacía años este era un movimiento que

---

1. La crisis de los balseros de 1994.
2. La despenalización del dólar se produjo en 1993.

venía avanzando, era un movimiento que venía ya a principios de los 90, un grupo importante de periodistas de la prensa oficial cubana que se incorporan al movimiento. Por lo tanto hay, se puede decir, un caldo de cultivo, así que si usted suma el caldo de cultivo de quienes quieren seguir ejerciendo su profesión, porque todos fueron expulsados de sus publicaciones, y al mismo tiempo se suma el factor este tecnológico que señalo es pues indudable que algo va a pasar y pasó. En 1995 comienzo a hacer periodismo. En la agencia de Néstor Baguer, en la *Agencia de Prensa Independiente de Cuba* que es como la madre de todas las agencias. Se llamó primero *Asociación de Periodistas Independientes de Cuba*, apareció como por el año 89 u 88, más o menos todo el mundo cayó preso en aquella época y Néstor Baguer tomó la bandera en 1992 y la sostuvo firme ahí y yo diría que es un importante puente, hasta el verano de 1995 que nace Cuba Press. APIC además es madre de otras agencias. Yo por ejemplo dirijo ahora un grupo de periodistas que se llama *Cooperativa de Periodistas Independientes*, y yo soy de la *APIC* y por lo menos dos periodistas más viejos de mi grupo, pasamos por la *APIC*. Muchos han pasado por la *APIC*. Baguer es un hombre que debería ser reconocido en muchas cosas y no lo es tanto como lo merece. Se van formando nuevas agencias por distintos motivos. Un motivo tiene que ver con la propia naturaleza de cómo se hace periodismo en Cuba. Es decir, es muy difícil con el propio hecho de la persecución gubernamental y demás, poder organizar grupos grandes con cobertura organizativa, infraestructura organizativa suficiente. Ese es un punto. Otro punto es que los periodistas tienden a tener ciertas discrepancias entre sí, en cuanto al estilo de trabajo, en cuanto a cómo es el perfil propiamente de los grupos y entonces esto ha dado lugar a una gran diversidad de grupos de periodistas en Cuba, hay de todo como en la viña del Señor, porque es un movimiento que yo califico de informal, hace lo lícito por lo ilícito y en consecuencia tiene todas las características que son propias de los movimientos informales. Hay una dispersión pero al mismo tiempo hay ciertos puntos comunes que en los últimos tiempos han llevado a un proceso de agremiación por así decirlo, hoy en día hay dos coaliciones o dos gremios importantes en la isla, en cuanto a periodismo, la sociedad de periodismo independiente *Márquez Sterling* y otra más pequeña pero también representativa que es la *Federación de Periodistas Cubanos*. Es un proceso que indudablemente indica que hay una formación de consenso alrededor de ciertos puntos comunes pero de todas maneras la gente quiere mantener su autonomía porque es necesaria la autonomía en las condiciones concretas de Cuba."

Hay varios casos de periodistas libres que iniciaron el camino de la ruptura por luchas burocráticas. Bernardo Arévalo Padrón había sido miembro de la policía política y estaba encargado de vigilar a "los de los derechos humanos", como los llaman tanto los amigos como los enemigos, pero su hermano murió por falta de atención médica y a partir de allí comenzó a odiar el sistema. Hasta el 18 de marzo de 2003, Bernardo Arévalo Padrón era el único periodista preso por ser periodista del hemisferio occidental, según *Reporteros sin Fronteras*. También hubo un periodista libre que inició su cuestionamiento cuando quiso escribir sobre la responsabilidad de los funcionarios en un accidente mortal que hubo en un ascensor y no lo dejaron.

## ÚLTIMAS NOTICIAS

### BLANCA REYES, ESPOSA DE RAúL RIVERO NARRA DESARROLLO DEL JUICIO EN LA CAUSA 348/03
### 07/04/2003

Servicio Nueva Prensa Cubana

La Habana, (NPC)

Blanca Reyes, esposa del poeta y periodista **Raúl Rivero**, director de la agencia independiente Cuba Press y vicepresidente de la Comisión de Libertad de Prensa de la Sociedad Interamericana de Prensa (SIP), condenado a 20 años de cárcel, detalló a Nueva Prensa Cubana los pormenores del juicio celebrado en La Habana el pasado viernes, 4 de abril contra su esposo y el también periodista independiente **Ricardo González Alfonso**, presidente de la Sociedad de Periodistas Márquez Sterling y director de la revista de Cuba, sobre quien pesa una condena de prisión perpetua. La Sra. Reyes participó de la vista oral contra su esposo, que comenzó a las 9.30 a.m. y duró hasta las 3.45 p.m., donde el poeta Raúl Rivero declaró ante el tribunal e hizo una valiente exposición de toda su vida como periodista, pues al inicio de la vista, el fiscal lo acusó de "autotitularse" periodista independiente [...] Continúa la Sra. de Rivero describiendo los detalles de la exposición pública de su esposo ante el tribunal que lo juzgó, donde Raúl Rivero reconoció haber asistido a dos reuniones donde se encontraba el jefe de la Sección de Intereses de los Estados Unidos en La Habana, el Sr. James Cason, una en el momento en que comenzó sus funciones y otra durante el lanzamiento del libro "Ojos abiertos", una publicación del Proyecto de Bibliotecas Independientes. El libro es una compilación de poemas, cuentos y artículos realizados por periodistas independientes, poetas y escritores dentro de Cuba que participaron en un concurso convocado por el Proyecto de Bibliotecas Independientes y que se publicó en México. Rivero agregó que en esos encuentros, además del Sr. Cason, participaron los embajadores acreditados en Cuba de Japón, Suecia, y de otros países, pero que a ninguno de ellos se les mencionaba en el juicio, y que sólo se referían al representante norteamericano en La Habana [...]. Nos cuenta Blanca Reyes que entre las acusaciones que se hicieron contra Raúl Rivero estaba la de ser "agente a sueldo" de la oficina de Intereses de los

Estados Unidos en La Habana porque colaboraba en una revista contrarrevolucionaria llamada "Encuentro en la Red", financiada por la Sociedad Interamericana de Prensa que era una organización subversiva. Que la Sociedad Hispano Cubana era también una organización subversiva y que Raúl también escribía para ella. Eso es cierto, pero ninguna de esas instituciones son subversivas y cada uno de los trabajos que Raúl Rivero escribía eran bien claros y estaban firmados. El periodista encausado declaró que también publicaba sus trabajos en un periódico suizo, en La Vanguardia, en Barcelona; en Le Monde, en París y que él era un articulista. Estas declaraciones las hizo Rivero cuando trataron de inculpar a Ricardo González de escribir artículos para el periódico El Nuevo Herald, asumiendo su responsabilidad como articulista de este diario, donde le pagan 100 dólares por cada artículo que le publican. Blanca Reyes explicó la participación en el juicio contra su esposo del periodista **Manuel David Orrio**, —hasta ese momento presidente de la Cooperativa de Periodistas Independientes— que resultó ser un agente encubierto de la seguridad cubana, bajo el nombre de "agente Miguel". El testaferro castrista dijo estar muy triste porque ya no podía continuar como agente encubierto y el Alto Mando del Ministerio de Interior le había dicho que tenía que prestar declaración contra los periodistas arrestados, y que él era "un militar de honor y cumplía órdenes" agregó que Raúl había tratado de introducirlo en un "gremio". Afirma Blanca Reyes que Raúl Rivero siempre sospechó que Orrio era un agente de la seguridad del Estado y que nunca fueron amigos personales, porque siempre lo tuvo como un individuo despreciable [...] El otro agente encubierto de la seguridad cubana que declaró contra Rivero y González Alfonso, resultó ser **Néstor Baguer**, un anciano de más de 80 años y que por más de 10 años dirigió la Asociación de Periodistas Independientes (APIC) y que responde al nombre de "agente Octavio" declarando despectivamente y de manera falsa, que Raúl Rivero lo único que hacía cuando visitaba la Sección de Intereses de los Estados Unidos en La Habana era beber whisky y comer mucho y que además era un alcohólico que sólo sabía dar escándalos en la UNEAC y en la UPEC (Unión de Periodistas de Cuba). Otros "testigos" fueron cuatro personas de la vecindad con los cuales ellos no habían tenido relación alguna hasta estos incidentes. El presidente del Comité de Defensa de la Revolución (CDR) de la cuadra, dijo que Raúl "repartía" periódicos, a lo que el abogado defensor le preguntó que si él los leía y este respondió que «no leía prensa contrarrevolucionaria». Nunca quedó claro a qué periódico se referían. También se presentó una vecina, miembro del CDR que declaró que hace tres años Raúl gritó consignas contrarrevolucionarias desde el balcón la casa y hablando alto y que todas las mujeres del barrio habían salido cantando el Himno Nacional porque no había ningún carro patrullero cerca. "Eso es completamente falso", enfatiza Blanca Reyes. Justo Inocencio Palacios Naranjo, vecino de la cuadra, afirmó ante el tribunal que Raúl Rivero se dedicaba a escuchar Radio Martí. Blanca Reyes se cuestiona como este "testigo" puede decir algo así si nunca ha visitado su casa. Ninguno de los testigos aportó datos que acusaran a los periodistas encarcelados. Entre las cosas que se ocuparon, se habló del libro "Ojo Pinta", escrito por Raúl Rivero sobre jóvenes artistas plásticos en la Isla, y la fiscalía vinculó este libro a Frank Calzón, (cubano-americano residente en Washington) a quien acusan de ser agente de la Agencia Central de Inteligencia (CIA). «No encontraron ni un cuchillo, porque en mi casa los cuchillos no tienen filo» dijo Blanca Reyes, refiriéndose al registro y las supuestas evidencias que trata de presentar la fiscalía como piezas acusatorias. A Ricardo González Alfonso, presidente de la Sociedad Márquez Sterling le dijeron como burla, que tenía certificados médicos de "loco" y que era un "histérico". Su actitud durante el juicio fue ejemplar. Los libros de cuentos infantiles escritos por González Alfonso antes de su incorporación al periodismo independiente, no fueron mencionados. Los objetos ocupados por la seguridad del Estado y presentados por la fiscalía en su acusación fueron computadoras, cámaras fotográficas, libros y todos los útiles de trabajo que usa un periodista. Si eso lo presentan ante el mundo, la gente terminará riéndose, porque todos los periodistas, graduados o no, usan esas cosas para trabajar. Incluso, mi hijo que vive en Miami tiene Internet en su casa y no es periodista, dijo la esposa del poeta Raúl Rivero. «Porque en Cuba es delito tener Internet». La defensa fue profesional, y el abogado reconoció que Raúl Rivero era un escritor muy reconocido. El estado de ánimo del poeta es bueno y mantiene su sentido de humor de siempre. [...] El lunes, 7 de abril fueron ratificadas las condenas de los dos periodistas. A Raúl Rivero le mantuvieron la petición fiscal de 20 años de cárcel y para Ricardo González Alfonso, que le pedían cadena perpetua, lo condenaron a 20 años. Nueva Prensa Cubana.

(www.nuevaprensa.org)

## 20. El caso Baguer

La familia Baguer era una de las más ricas de Cuba cuando en 1959 triunfó la revolución. Toda su tierra fue expropiada. La ciudad de San Antonio de los Baños, donde está ahora la escuela de cine, era un pueblo casi de la propiedad de los Baguer. Néstor Baguer era el heredero y para eso fue enviado a prepararse a los Estados Unidos, donde estudió administración de empresas. Pero volvió a Cuba en 1942 y fue seducido por el periodismo. Era una profesión que su padre y dos de sus tíos habían practicado. Ahora alquila una habitación en el centro de La Habana a una señora que vive con dieciséis gatos. El olor a orina es insoportable y, como ocurre con todo ese barrio, la entrada a esa casa está al borde del derrumbe. Su vivienda tiene amplios espacios y los techos altos. Las paredes están despintadas y no parece haber ningún lugar de esa casa donde haya algún signo que convierta a esa vivienda en un hogar. Los pocos muebles que hay están desvencijados y viejos. Baguer tiene un pésimo estado de salud, camina con dificultad y sufre recurrentes internaciones. Cuando se siente fuerte, o para sentirse fuerte, Baguer escribe. Es miembro del capítulo cubano de la Real Academia Española.

"Imagínate que me enteraba de las noticias... El gobierno de Batista cometió muchos errores, muchos errores y la emprendió con la juventud universitaria y entonces aunque yo nunca me había metido en política, pero cuando yo veía a los compañeros universitarios que aparecían por las calles con una bomba de dinamita puesta en el pecho como si los hubieran matado porque eran dinamiteros ¿no? Y uno veía las torturas que se hacían, los asesinatos, decía 'esto no puede ser, hay que hacer algo contra esto' y así fue cómo empecé yo con esa cosa, y mi familia me cogió, me metió en un avión y me mandó para Sudamérica. Estuve cinco o seis años en Sudamérica, mandando noticias de allá para Cuba. Vivía en el Perú, aunque en el Perú me movía para Ecuador, para Colombia, Venezuela, Chile pero con residencia en Perú y seguí haciendo eso hasta que entonces ya recibí noticias de mi familia que la cosa en La Habana estaba muy, muy mal políticamente, que se arrancaban ya los negocios y que hacía falta que regresara a Cuba. Regreso a Cuba y a los pocos meses de regresar a Cuba, triunfa Fidel Castro y yo fui a recibir al Malecón, a La Habana cuando venía Fidel, porque ahí venían unos amigos míos también, entonces vi el entusiasmo del pueblo, porque hay que decir una cosa, hoy podrá haber opositores, pero el primero de enero cuando triunfa la revolución, Cuba completa era fidelista, eso lo puedo afirmar con toda tranquilidad. Pero ¿qué pasó?, que la revolución empieza a dar sus pasos como está sucediendo en Venezuela, entonces había mucha gente que era revolucionaria pero que no quería tanta revolución, es decir una revolución más controlada, que no tocara ciertos intereses, pero si la revolución había hecho ya muertos 20 mil cubanos para tomar a Batista, bueno pues sencillamente había que cambiar todo el sistema. Entonces empezaron las luchas, y mi familia por supuesto, en contra de Fidel, yo a favor de Fidel, y me hice miembro de los comités de defensa, hasta hice viajes al extranjero para conseguir cosas para el gobierno cubano, estuve en España, estuve en Inglaterra para reunir voluntades y conseguir cosas que Cuba necesitaba y a la vez me dediqué de pleno a escribir, sobre todo en *Juventud Rebelde*. No en el mismo año en que termina la revolución porque me encargan otras tareas, la misma Revolución me encarga diversas tareas por lo que yo conocía de cuestiones de manejo de oficinas y de administración y esas cosas. A mí el partido me colocaba en los sitios que estimaba me necesitaba. Por ejemplo trabajé en transporte aéreo, en comercio exterior, donde se me necesitaba iba, hasta que un día dije 'bueno, señores yo soy periodista, por favor pónganme en el periodismo'. Eso fue en el 79, 80 y ya sí oficialmente en *Juventud Rebelde*, en *Bohemia*, en la televisión, hasta que vino el incidente este que no querían que yo siguiera diciendo la verdad, lo que estaba ocurriendo en los medios, que era un desastre. Yo consideraba que en ese momento la prensa cubana era la peor de toda América Latina. Porque a todo esto yo soy miembro correspondiente de la Real Academia Española y entonces en *Juventud Rebelde*, había un día que se repartía gratis en las escuelas, yo mantenía una columna sobre el idioma, que todavía sigo escribiendo sobre eso. Yo fundé la prensa independiente en Cuba cuando veo que entonces empieza a tratar de cerrarse. Un día llegué al periódico como siempre y después a la televisión porque yo revisaba el noticiero nocturno, que es el principal, para evitar los errores, y me encontré con que se me había prohibido la entrada en esos lugares porque mi labor era contrarrevolucionaria y 'bueno pues si ustedes no me lo publican lo publico yo como sea'. Y como yo había hecho contactos en España, en Inglaterra y en Estados Unidos, porque ahí tenía muchos amigos de cuando había estudiado, les escribí si les interesaba recibir noticias de Cuba y me dijeron que sí inmediatamente, y entonces fundé la *APIC*, la *Agencia de Prensa Independiente de Cuba* y empecé reuniendo amigos y colegas, entre los primeros fue Raúl Rivero, que luego fueron los fundadores de la prensa independiente de Cuba y empezamos a elaborar y a trabajar. Hay que pensar que casi todos los periodistas profesionales se fueron de Cuba al triunfo de la Revolución. [...] La prensa cubana, se puede decir que toda estaba subvencionada por el gobierno en distintas formas, entonces la gente no escribía lo que tenía que escribir, sino lo que le interesaba al gobierno de Batista, por ejemplo, había algún periodista combatiendo para qué, para que después lo metieran preso o lo mataran o lo asesinaran. Entonces quedaron los periodistas que no eran graduados, que no tenían cierto sentido de lo que es la prensa, de cuál es la obligación de la prensa y entonces todo era simplemente loas al nuevo gobierno, no había críticas por algo mal hecho, no había nada de eso, estábamos viviendo el periodismo pero al revés y yo dije 'no' y empecé a hacer mis críticas y bueno, no gustó. Hoy en día yo sigo considerando que el periodismo cubano es muy pobre, desde el punto de vista profesional es muy pobre. Hay algunas lumbreras que se destacan, pero siempre dentro de la línea del gobierno, nunca saliéndose de esa línea."

**ÚLTIMAS NOTICIAS**

Video presentado del juicio a Raúl Rivero y Ricardo González Alfonso en conferencia de prensa ofrecida por el canciller Felipe Pérez Roque, con relación a los mercenarios al servicio del imperio que fueron juzgados los días 3, 4, 5 y 7 de abril. Ciudad de La Habana, 9 de abril de 2003 (Versiones Taquigráficas - Consejo de Estado)

Fiscal.- ¿Su nombre? ¿Dónde vive? ¿A qué se dedica en la vida social?
Néstor Baguer.- Con mucho gusto.
Mi nombre es Néstor Baguer Sánchez Galarraga. Resido en Centro Habana. Soy periodista de profesión; pero, además, desde el año 1960 trabajo para los Órganos de la Seguridad del Estado.
Fiscal.- ¿Qué nombre lleva para los Órganos de la Seguridad del Estado?
Néstor Baguer.- Octavio.
Fiscal.- Octavio. Llamémoslo Octavio.
Sí, Néstor, si usted tuviera la amabilidad de hablarnos entonces sobre cuáles son los orígenes de la Asociación de Prensa Independiente, si ha estado relacionado con ese tipo de actividad.
Néstor Baguer.- Eso me fue sugerido a mí por personas contrarrevolucionarias, porque les hacía falta un periodista, primero; pero entonces yo lo tomé como un trabajo para hacerlo para los Órganos de la Seguridad del Estado, o sea, que en lugar de caer en manos de los que iban a hacer mucho daño, yo tratar de aminorar ese daño.

# El caso Baguer

Fiscal.- ¿Y eso le sirvió para recibir información y que a usted vinieran personas que estaban interesadas en dar información al enemigo?

Néstor Baguer.- Exactamente.

Fiscal.- ¿Cómo fue que se comportó? ¿Ese tipo de informaciones cómo es que se ofrecen hacia el exterior?

Néstor Baguer.- Primero una cosa: los primeros que se interesaron fueron los de la Oficina de Intereses de Estados Unidos. Yo no conocía a ninguno de ellos y me llamaron, me invitaron para que fuera a conversar con ellos, y demostraron un gran interés, y que ellos me iban a respaldar en todo para que yo llevara a cabo ese trabajo. Entonces después, inmediatamente, empezaron periodistas, o yo no podría decir periodistas, porque, en realidad, de 30 ó 40 periodistas que venían, solamente dos eran periodistas, uno era yo y otro que estaba, todos los demás, ninguno; porque yo le puedo decir a usted que actualmente en las más de 100 personas que se dicen periodistas independientes, no pasan de cinco o seis los profesionales, los demás son unos mercenarios que se dedican a difamar, porque dicen mentiras, insultan, faltan el respeto a nuestro Jefe de Estado y a nuestro gobierno, o sea, que no son periodistas, son terroristas de la información.

Fiscal.- Cuando ellos confeccionan esa información, ¿a quién se la envían?

Néstor Baguer.- Me la envían a mí, y entonces yo, como tenía las conexiones telefónicas, teléfonos directos, me ponía en contacto directamente con Radio "Martí"; pero después se originan en Estados Unidos cubanos contrarrevolucionarios que crean agencias para ayudar a los que estábamos aquí en Cuba.

[...]

Fiscal.- Y usted pudiera hablarnos sobre la persona de Raúl Rivero y sus vínculos con este tipo de actividades.

Néstor Baguer.- Él es un alcohólico, y el alcoholismo lo llevó a lo último, porque decía barbaridades en la UPEC, en la UNEAC, a grito pelado ahí, y eso costó que lo expulsaran de todas partes. Entonces se hundió solo, y para ganarse la vida empezó a mandar poemas y cosas así al extranjero, y ya de ahí, cuando vio que el periodismo es distinto, falso, pero que daba dinero, hizo contacto con los antiguos compañeros de él de la UNEAC y de la UPEC que están en el exilio, porque todos traicionaron, y utilizó la amistad con ellos para que le consiguieran dónde escribir. Entonces esa gente hizo contacto con los periodistas norteamericanos y le consiguieron para que escribiera en el Herald de Miami, que es el periódico más conservador que hay en el sur de la Florida y, por supuesto, pagándole muy bien.

Lo conectaron después con la institución de la prensa norteamericana, donde pertenecen todos los dueños de periódicos de Estados Unidos, que es la SIP (Sociedad Interamericana de Prensa), y con la influencia de ellos y la influencia de la mafia de Miami lograron que nombraran a Raúl vicepresidente para el Caribe, de la Sociedad Interamericana de Prensa y, por supuesto, con un sueldo de vicepresidente de una institución americana.

Fiscal.- ¿A Raúl le pagan por esas informaciones que ofrece?

Néstor Baguer.- ¡Cómo no, y muy bien pagado!

Fiscal.- ¿Cómo es que se produce el pago con él?

Néstor Baguer.- Le pagan allá en Estados Unidos, se lo pagan a su hija que vive en Estados Unidos.

Fiscal.- ¿Qué nos iba a decir de Ricardo?

Néstor Baguer.- Ricardo se pegó a Raúl, porque Ricardo no es periodista, ni cosa que se parezca. Se pegó a Raúl. Raúl estaba en una situación que estaba separado de todos sus amigos, porque, ¿quiénes eran sus amigos? Los periodistas de la UPEC y los escritores de la UNEAC. Se encontró que estaba sin amigos. El único amigo que le quedaba era yo, ¿comprende?, y como no coincidíamos en ideas, no peleábamos, pero no coincidíamos en ideas -estuvimos a veces meses sin vernos-, recurrió a este, que prácticamente se le coló. Entonces ofreció su casa de Miramar para instalar ahí una redacción con todo; o sea, con todos los equipos electrónicos, tiene tres empleados a sueldo allí en eso, en fin, todas las necesidades para trabajar, y lo puso a disposición de Raúl. Entonces Raúl constituye la sociedad "Márquez Sterling" que preside Raúl, quiere decir que él es el que dirige y el que manda allí, y el otro es un mascarón de proa, una figura decorativa, es lo que es el otro.

Fiscal.- ¿Cuando se refiere al otro, se refiere a Ricardo?

Néstor Baguer.- El otro es Ricardo, es eso, el mascarón de proa, la figura que aparece al frente, pero que no es nadie, no es nadie.

Fiscal.- ¿Ricardo también tiene vínculos con el gobierno de Estados Unidos, la Oficina de Intereses?

Néstor Baguer.- Lógico, lógico. Si aparece como presidente de la asociación "Márquez Sterling", ya hizo su vínculo allí.

Fiscal.- ¿Y con algunos elementos radicados en Miami? ¿Alguno de ellos dos tiene vínculos?

Néstor Baguer.- Bueno, Raúl sí. De Ricardo no sé, porque no conozco su vida, lo vine a ver por primera vez hace cuatro o cinco meses. Raúl sí, todos los poetas que se han ido, todos los escritores que se han ido, todos son amigos de él, todos son amigos de él, porque han sido compañeros de la UNEAC durante muchos años, compañeros de borracheras, compañeros de francachelas y de cosas así. Son íntimos amigos, tiene muchos. Todos los poetas cubanos exiliados, todos, son amigos de Raúl.

## 21. ¡Últimas noticias! Proceso en La Habana

> "A un caballero, en una discusión teológica o literaria, le arrojaron en la cara un vaso de vino. El ofendido no se inmutó y dijo al ofensor: Esto, señor, es una digresión, espero su argumento."
>
> Jorge Luis Borges, *Arte de injuriar*.[1]

Quienes en la tarde del lunes 17 de marzo de 2003 miraban el habitual programa televisivo La Mesa Redonda Informativa sintieron que se estaba incubando algo grande. La violencia verbal con que las habituales gargantas profundas oficiales se refirieron a la oposición pacífica y a los periodistas independientes presagiaba que la secreta máquina del régimen estaba acelerando el cumplimiento de algún plan. Esos programas, auténticos megáfonos de la dictadura, suelen ser a veces como el bombardeo previo para el avance de la infantería.

Así fue. El bombardeo acusatorio desde la omnipresente televisión cubana se entendió el martes 18, apenas después del mediodía, cuando centenas de agentes de seguridad del Estado, policías revolucionarios y brigadistas de respuesta rápida –todas fuerzas de la infantería– comenzaron en todo el país a invadir decenas de domicilios de opositores, llevándose de allí personas, libros, radios, papeles, cartas, dinero, máquinas de escribir, faxes, computadoras y muchas otras cosas de la vida cotidiana de los disidentes. No sólo se llevaron herramientas para ejercer derechos, sino también elementos valiosos para la vida cotidiana como utensilios de

---
1. Citado por Ricardo González Alfonso en revista *De Cuba*, nº 1, diciembre de 2002, p. 6.

cocina, medicamentos para alguna enfermedad específica, fotos, documentos personales o permisos de viajes nunca formalizados. La ofensiva fue no sólo una completa mutilación de los derechos civiles y políticos, sino también una profunda violación del espacio privado de las familias disidentes.

Al mismo momento requisaron la sede de la *Sociedad Profesional Márquez Sterling* y la casa de Claudia Márquez y Osvaldo Alfonso. Se mantuvieron allí desde el mediodía hasta la madrugada. Cuando entraron en la casa, Claudia estaba en paños menores en su habitación y echó de su cuarto al intruso, el jefe del operativo que se hacía llamar Capitán Pepe. "Mientras veíamos cómo desde el canal oficial nos llamaban traidores los parlanchines mediocres de la Mesa Redonda, revisaban mis gavetas y todas las fotos familiares", pudo escribir luego Claudia, porque no se la llevaron. Sí a su marido, Osvaldo Alfonso, de 37 años, presidente del partido Liberal cubano, inteligente dirigente que había sido del Partido Comunista de Cuba hasta que la frialdad con que Fidel recibió a Gorbachov en 1989 hizo que comenzara a agrietarse su comunismo y devenir hacia el liberalismo.

Osvaldo fue uno de los dirigentes clave en el apoyo al Proyecto Varela, conducido por Osvaldo Payá. Su acto violento más conocido fue cuando intentó transmitir a su hijo de 5 años la furia que él tiene contra el régimen. A la misma hora daban por los canales de televisión cubanos los dibujos animados y los discursos de Fidel y él, como dirigente político que es, escuchaba más a Fidel que los propios comunistas. Osvaldo le decía a su hijo que no podía ver los dibujitos ("muñequitos" en Cuba) porque Fidel era malo. Ahora Fidel se vengó. Ya en la prisión, Osvaldo, que será por siempre un valiente por lo que hizo hasta ese día y por lo que hará una vez que vuelva a ser un hombre libre, aceptó en las tinieblas de la Seguridad del Estado reconocerse culpable. El canciller cubano Pérez Roque mostró orgulloso el video de la autoinculpación de Osvaldo a los periodistas extranjeros, quienes seguramente pensaban que ya nunca verían un juicio estalinista con autoinculpaciones incluidas. El gobierno cubano no exhibió allí la debilidad de los disidentes, sino la debilidad del propio régimen. Durante varias semanas, Claudia le dijo a su pequeño hijo Cristian que su padre estaba de viaje en el interior de Cuba.

La sede de la *Márquez Sterling*, un centro de formación de periodistas libres, es también la casa de Ricardo González, su presidente. Era de hecho una de las principales redacciones de Cuba, y siempre había periodistas que iban y venían. La requisa aquí también fue total y se llevaron a Ricardo, quien es también el representante en la isla de *Reporteros sin Fronteras*. Esta organización francesa[1] se dedica a defender a los periodistas de todo el mundo y es por eso que el régimen cubano justamente la llamó "subversiva". La última imagen que guardo de Ricardo es cuando, después de una entrevista, nos quedamos hablando unos minutos en el living de su casa mientras él tenía a su hijo de unos 12 o 13 años abrazado. Pensé entonces que ese abrazo no era casual, dado que eran tan altas las probabilidades de encierro para él que todo abrazo a su hijo podía ser el último, y esa ausencia insoportable quizás sea lo más duro de la cárcel para un padre.

Las detenciones tuvieron carácter masivo y se pensó que realmente pretendían detener a todos. Había cinco dirigentes cívicos de primera línea haciendo una huelga de hambre en defensa de otros dirigentes presos, y el jueves 20 a la madrugada la policía política desarticuló la protesta y detuvo a una de las disidentes más importantes, Martha Beatriz Roque Cabello, presidenta de la Asamblea para Promover la Sociedad Civil en Cuba, cuya actividad terrorista era precisamente esa. A última hora de ese día el régimen se animó a

---

1. www.rsf.org.

todo, y llegaron a la casa de Raúl Rivero, en el pequeño departamento del tercer piso de Oquendo y Peñalver, en La Habana, donde estaba Raúl con su mujer, Blanca Reyes. Mientras lo detenían llamó Jorge Rouillon, del diario *La Nación*, de Argentina, y atendió Blanca, la mujer de Raúl. Le hablaba bajito: "¡Están registrando la casa! ¡Que lo sepa todo el mundo, por favor! Están en la sala, vienen para acá...". Y cortó.

Hubo una requisa exhaustiva hasta lo ridículo, se llevaron los medicamentos de la madre de Raúl, sus fotos con José María Aznar y también todo su material de trabajo. Hubo una rueda de vecinos que miraban pasivos cuando se llevaban a Rivero y otros lo insultaban. Un fotógrafo de *Associated Press* mostró esa imagen al mundo.

En esas horas la conmoción en la disidencia era total. El resto de la sociedad cubana no tenía cómo informarse en detalle pero sabía que algo terrible estaba pasando. Una encuesta informal realizada por la periodista libre Graciela Alfonso entre cincuenta y seis habitantes de La Habana indicó que la noticia corría al menos por la capital de Cuba. El diario *Granma*, fiel a su violación perpetua de todos los principios de la profesión periodística, apenas publicó una nota oficial, y días más tarde un aviso donde anunciaba que el canciller cubano daría una conferencia de prensa. Después, nada más. Repitiendo el lenguaje grotesco y grosero de la Mesa Redonda Informativa, y fiel al eterno diccionario de las dictaduras del mundo, la nota oficial dijo:

"Frente al propósito declarado y descarado de organizar desde dentro una fuerza mercenaria como la que nos invadió por Girón cumpliendo órdenes de un gobierno extranjero, o formó bandas armadas, o mató a maestros y alfabetizadores, atacó embarcaciones, secuestró a pescadores, realizó miles de actos de sabotaje y sembró terror y luto en nuestro país, esta vez disfrazada de aparentes inofensivos corderos para apoyar la

¡Últimas noticias! Proceso en La Habana | 221

criminal política del gobierno de ese mismo país contra nuestra Patria, calumniar, justificar el bloqueo, la asfixia económica y el aislamiento de nuestro pueblo, no quepa la menor duda de que la Revolución aplicará con el rigor que sea necesario, y en la medida en que las circunstancias lo demanden, las leyes creadas para defenderse de nuevas y viejas tácticas y estrategias contra Cuba."

Los disidentes eran "aparentes inofensivos corderos" que sembraban "terror y luto" en la isla y cumplían "órdenes de un gobierno extranjero". He ahí la acusación. Periodistas que hacen de periodistas, economistas que hacen de economistas, pensadores que hacen de pensadores, militantes de derechos humanos que defienden los derechos humanos, fueron condenados judicialmente en forma sumaria como terroristas peligrosos.

Pero el régimen tenía preparada una sorpresa más, quizás pensó que éste podía ser su triunfo definitivo: destapó a más de una docena de sus agentes secretos infiltrados y algunos de ellos resultaron ser destacados disidentes. Con ese golpe, la dictadura se propuso destruir la confianza en la oposición. Si no hay confianza es difícil generar una acción colectiva. Penetrar organizaciones públicas, pacíficas y democráticas no parece dar mucho rédito a la policía política. Todas las conversaciones de los disidentes siempre fueron grabadas y escuchadas por la policía, sus publicaciones no son clandestinas como fueron algunas de los disidentes soviéticos, sino que son públicas, con dirección y nombre propio. Cualquier investigador o periodista –como de hecho lo hice yo– puede conocer la vida entera de ellos simplemente preguntándoles. No son espías, no son terroristas, son sólo disidentes que intentan ejercer derechos básicos. Una de las más veteranas periodistas libres de Cuba, Fara Armenteros, escribió:

"Nada que no fuera de conocimiento público pudieron aportar los agentes Octavio, Miguel, Vilma, Tania, Ernesto... Su 'destape', por otra parte, no fue una gran sorpresa para la mayoría de los opositores, que tenían 'bola de chivo', como se dice en el argot popular cubano."

En el periodismo libre cubano, el impacto de los destapes de agentes fue fuerte pero no detuvo la actividad. Dos de los testimonios que usted leyó en las páginas anteriores resultaron ser historias de vida ficticias, construidas por notorios periodistas libres que en realidad eran veteranos agentes policiales. El agente Miguel y el agente Octavio llevaban años agazapados en el corazón del periodismo independiente. Los conocí a ambos y estuve en sus casas. Los llegué a apreciar, aunque en el juego constante de dudar de todos varias veces me pregunté cuál sería su verdadera cara. Puestos a desconfiar de alguien siempre tenemos de dónde agarrarnos y la dictadura triunfa cuando impide la acción colectiva contra ella, y nada más eficaz que sembrar la desconfianza en cada uno de los disidentes o en sus colaboradores externos. De acuerdo con el defensor de los derechos humanos en Cuba, Elizardo Sánchez, esa estrategia busca "desatar la paranoia y la desconfianza entre la oposición y el exilio". Desconfiar es inevitable, pero lo más importante dentro de la disidencia siempre es construir. El momento en que se reveló la verdadera cara de los agentes Miguel y Octavio fue impactante.

La organización francesa *Reporteros sin Fronteras* hizo las comparaciones obvias:

"En los procesos de periodistas independientes y de opositores, que se celebran desde el 3 de abril, se encuentran todos los elementos de los procesos estalinistas: audiencia a puerta cerrada, justicia expeditiva, negación del derecho a la defensa, testimonios de agentes infiltrados, dossiers montados desde hace meses, declaraciones de vecinos, acusaciones basadas únicamente en delitos de opinión... Sólo falta la autocrítica de los acusados."

A las pocas horas de este comunicado, hubo autocríticas de acusados, tanto de periodistas independientes como de dirigentes políticos.

Los familiares pudieron visitar a los detenidos a partir del 25 de marzo, y allí empezaron a enterarse que las detenciones no iban a ser como las que había habido durante los años previos, que duraban apenas algunas horas o días, y eran más bien el intento de persuadir a los disidentes por medio de amenazas de prisión o de castigos indirectos con familiares. La sorpresa fue enorme cuando supieron que los pedidos de castigo eran una desmesura. Había doce pedidos de cadena perpetua y nadie bajaba de diez años de cárcel. Era un planificado entierro legal de la sociedad civil democrática o, como dijo un disidente, "un Tiananmen jurídico".

Para tener una idea de los delitos reales que se juzgaron, por lo menos tres de los detenidos para los que el fiscal de la justicia revolucionaria pidió un castigo a perpetuidad son periodistas: Ricardo González Alfonso escribía guiones para niños en la televisión oficial cubana hasta que se hizo periodista disidente y creó un peligrosísimo centro de formación de periodismo. Los dos hijos de Ricardo ahora pueden pensar en algunas de sus palabras recientes, como cuando dijo: "Me siento libre porque expreso lo que pienso. Me siento libre porque desarrollo un plan de vida a pesar de los obstáculos que me oponen las autoridades cubanas". Y una mañana de julio de 2000 lo detuvieron y lo llevaron a una casa en la que durante todo el día intentaron convencerlo para que se pasase al enemigo. Pero Ricardo González optó por seguir con su propio plan de vida.

Para Víctor Arroyo es la tercera estadía en la cárcel, y será la más larga, veintiséis años. Víctor es un licenciado en Geografía que se hizo periodista agropecuario y es experto en estadísticas porque él las hacía cuando era parte del régimen. Para avalar la condena, declaró otro disidente falso, el agente Saú, un abogado muy allegado a Arroyo.

El tercer periodista para el que el fiscal pidió el encierro de por vida como a una fiera peligrosa es un temible –y el único– reportero gráfico independiente de Cuba, Omar Rodríguez Saludes, que además en la semana de su juicio tuvo su cuarto hijo. ¿Qué clase de régimen es uno que pide perpetua por enseñar periodismo, comentar estadísticas o sacar fotos?

El fiscal confirmó que la etapa superior del castrismo es su política carcelaria al condenar a uno de los grandes poetas de Cuba, el periodista Raúl Rivero, a estar veinte años mirando una pared blanca. "Lo que encontraron fue una grabadora, no una granada", dijo su mujer al conocer la sentencia. No encontraron ningún arma, ni prueba de conspiración armada, ni nada por el estilo.

Los juicios fueron sumarísimos. A partir del momento en que los familiares se enteraron de las condenas pedidas tuvieron muy pocos días para preparar la defensa, y aquellos que alcanzaron o quisieron designar defensores, muy pocas veces lograron que éstos tuvieran acceso a hablar con los acusados, y debieron elaborar la defensa en pocas horas. A los quince días de los primeros arrestos comenzaron los juicios. La línea de producción de la justicia revolucionaria iba a todo vapor hacia el objetivo marcado por su máximo líder. Nunca en la historia de la revolución alguien había sido absuelto luego de ser acusado de contrarrevolucionario. La orden castrista era la voz de la Justicia, y la maquinaria judicial fue su fiel instrumento.

Cada juicio duró un solo día. Consistió en una larga sesión "pública" a la que podían ingresar solamente los familiares, luego se llenaba de gente misteriosa que ocupaba todos los bancos disponibles. Eso le permitió decir al locuaz canciller cubano que los juicios habían sido públicos y que a ellos asistieron miles de personas. Periodistas libres cubanos, corresponsales extranjeros, amigos o diplomáticos checos, franceses, estadounidenses, suecos, canadienses, ingleses o españoles que querían presenciar el juicio no eran autorizados a entrar pues "no había más lugar". En varios casos, los tribunales fueron rodeados y se dijo a los curiosos que se acercaban que se estaba juzgando a asesinos peligrosos que habían cometido hechos de sangre.

A los periodistas Ricardo González y Raúl Rivero los juzgaron en el mismo juicio, el viernes 5 de abril. Alida, la mujer de Ricardo, y Blanca, la mujer de Raúl, ingresaron a la sala y nadie más pudo entrar. Raúl estaba tranquilo, impasible, le preguntaron si quería hablar, y habló. Contó su vida profesional, que había sido de la primera promoción de periodistas revolucionarios de la universidad, que había trabajado en los principales diarios del país, que había estado en Moscú, y que luego trabajó en la organización de los escritores y artistas, junto a su íntimo amigo, el gran poeta nacional de Cuba, Nicolás Guillén. Raúl le contó a su sinuoso tribunal lo mismo que usted ya leyó aquí. Y entonces habló el fiscal. Su acusación fue la siguiente:

"Que el gobierno de los Estados Unidos a través de su Sección de Intereses en Cuba, con el papel protagónico de James Cason, jefe de la representación diplomática en La Habana, con el objetivo de destruir la Revolución cubana, ha priorizado la subversión interna. Para la consecución de sus propósitos conspirativos han procurado la actuación de apátridas dispuestos a suministrarles informaciones y cumplir sus órdenes entre los que se encuentran los acusados asegurados Ricardo Severino González Alfonso y Raúl Ramón Rivero Castañeda, que realizan actividades subversivas encaminadas a afectar la independencia e integridad territorial cubana. Es así como a partir de la década de los 90 hasta la fecha, adoptaron la fachada de autotitularse periodistas independientes para desacreditar el sistema de gobierno cubano, sus instituciones, dirigentes, y sistema social, con la finalidad de aglutinar algunos contrarrevolucionarios que se prestaran a actuar en correspondencia con los fines del gobierno de Estados Unidos."

Cuando el fiscal tuvo que enumerar las evidencias encontradas en la requisa dijo con voz grave:

"En el registro domiciliario efectuado al acusado Rivero Castañeda, entre otros artículos, se le ocupó un radio marca Sony, una grabadora, un cargador digital de baterías, una máquina de escribir, una computadora personal laptop marca Samsung, con todos sus aditamentos, un adaptador de cámara video ocho, varios cassettes de audio y de video conteniendo información destinada a subvertir el sistema económico, político y social cubano, cinco libros titulados 'Ojo Pinta' de la autoría de Raúl Rivero, dieciocho sobres conteniendo artículos periodísticos, recortes de artículos de prensa independiente pertenecientes a Raúl Rivero, tres file conteniendo documentos de la llamada prensa independiente, entre otros materiales de carácter subversivo."

"Al acusado González Alfonso, entre otros artículos, le fue ocupado, un fax con teléfono y contestador marca Panasonic, un teléfono Panasonic con contestador y memoria, una mini grabadora, máquinas de escribir, un radio tecsun r970, un radio marca grundig digital, una cámara de video, dos computadoras, de ellas una laptop, un scaner, una cámara fotográfica digital, una impresora de computadora, varios CD rom, y cassettes de audio y videos, libros y documentos conteniendo información que se propone subvertir el sistema económico, político y social cubano, siéndoles éstos suministrados por la Sección de Intereses de los Estados Unidos, varios ejemplares de la revista 'Cuba Nuestra' y 'Luz Cubana', dos minicassettes con grabaciones de entrevistas realizadas por él que son desestabilizadoras y envía a la citada emisora 'Radio Martí', agendas de teléfonos donde aparecen consignados, entre otros, los números telefónicos de la Sección de Intereses de los Estados Unidos y de funcionarios que laboran en la misma."

Al fiscal no le cupo ninguna duda sobre la calaña de los acusados, porque seguramente sabía que algún tipo de duda terminaría con él mismo en el banquillo:

"El acusado asegurado Raúl Ramón Rivero Castañeda, ciudadano cubano, natural de Camagüey, hijo de Esineo Tiburcio y Hortensia Edma, casado, de cincuenta y siete años de edad, nivel escolar universitario, desocupado, sin antecedentes penales, pero de pésima conducta por frecuentar la compañía de antisociales con quienes intercambia mutua influencia negativa, se manifiesta groseramente del proceso revolucionario, desobedece las advertencias oficiales que se le han hecho, es provocador e irrespetuoso de las normas de convivencia social."

"El acusado asegurado Ricardo Severino González Alfonso, ciudadano cubano, natural de La Habana, hijo de Antonio y Graciela, de cincuenta y tres años de edad, duodécimo grado de escolaridad, desocupado, sin antecedentes penales, pero de pésima conducta social por sus persistentes instigaciones a las reuniones y manifestaciones ilícitas, alterar el orden con frecuencia, desobedece las advertencias oficiales que se le hacen por ser una persona provocadora, desestabilizadora, irrespetuosa de la colectividad y de los valores sociales."

Por eso tampoco tuvo dudas en pedir las condenas:

"Las sanciones que deben imponerse a los acusados son las siguientes:
Para el acusado asegurado Ricardo Severino González Alfonso, la sanción de privación perpetua de libertad.

Para el acusado asegurado Raúl Ramón Rivero Castañeda, la sanción de veinte años de privación de libertad."

Durante el día del juicio aparecieron en el estrado dos sorpresas desagradables para el movimiento del periodismo independiente. Después de los previsibles vecinos chivatos (cinco vecinas y dos vecinos), ingresó al estrado, para testificar, el agente Miguel. Raúl y Ricardo lo reconocieron de inmediato: era Manuel David Orrio del Rosario, el presidente de la *Federación de Periodistas de Cuba* (FEPEC), una de las dos grandes organizaciones de periodistas independientes. Orrio también fue utilizado para testificar contra Manuel Vázquez Portal, magistral periodista y fundador de la agencia periodística *Decoro* en 1998. El mismo *Decoro* mostró el hijo de Vázquez Portal, Gabito, de 9 años, quien presenció la detención de su padre, sentenciado a dieciocho años, y todavía se reprocha no haberse ido preso junto con él. Ahora, durante las visitas de su mujer, les prohíben hablar de la causa, y se las interrumpen si desobedecen. También de la agencia *Decoro*, fue brutalmente castigado con cárcel José Ubaldo *Pepito* Izquierdo, de la localidad de Guines. Para el juicio de *Pepito* se hizo un operativo policial en los tribunales de San Antonio de los Baños, donde hubo alrededor de ciento cincuenta agentes, que fue dirigido desde un taller a cuyos trabajadores se les dio el día libre. Un matrimonio de infiltrados testificó contra *Pepito*. Uno de los periodistas de *Decoro* que están libres, Oscar Mario González, escribió en esas horas de angustia:

"Los periodistas encarcelados por el régimen cubano tienen como único delito el haber difundido la verdad. Son, por tanto, prisioneros de la palabra."

Rivero siempre había desconfiado de Orrio y me lo dijo la primera vez que lo vi, cuando le avisé que de su casa me iba para la de Orrio, que está apenas a dos cuadras. También Claudia Márquez había expresado sus reservas cuando le hablé de mis reuniones con él. Cuando comenzaron los arrestos, la mujer de Rivero perdió los matices de su marido y se refería a Orrio directamente con insultos. Orrio la llamó también mientras la policía se estaba llevando a Raúl, y Blanca le cortó diciéndole que no tenía nada que informarle a él sobre lo que estaba ocurriendo. Los comentarios sobre Orrio que escuché durante mi estadía en febrero no tenían el tono de la acusación directa, sino el de la sospecha. Parecía claro que Orrio cumplía bien con el precepto de dividir para vencer, pues siempre bombardeaba las iniciativas unitarias. Había criticado frontalmente el llamado Proyecto Varela, que era una iniciativa para una reforma pacífica del régimen político que se adecuaba a la constitución vigente. Y había creado una nueva sociedad de periodistas libres por fuera de las redes de Raúl Rivero, difundiendo abiertamente cierto malestar hacia él, a quien a veces se refería como "el periodista en jefe". En varios artículos, Orrio hacía menciones directas y no elogiosas hacia Rivero. Yo leía esos comentarios y no me agradaban, pero no sería la primera vez que entre disidentes de una dictadura hubiera problemas personales, aunque estuvieran los dos frente a un temible enemigo. La libertad del hombre tiene como una de sus grandes riquezas la de ser imprevisible. No basta tener un enemigo terrible para unirse. En la URSS, las relaciones entre los emblemáticos disidentes Sajarov y Solzjenitsin tampoco fueron fluidas. Es cierto que esas actitudes que dividían y creaban rencores entre la disidencia contribuían con el régimen, pero no se puede pensar que son siempre creadas por la policía política. La naturaleza humana se basta a sí misma para generar eso. La opción por la libertad no asegura que ésta se usará de la forma más democratizante posible.

La última misión del agente Miguel fue generar mayor provocación para que el régimen pudiera justificar su represión masiva de la oposición. La *Federación de Periodistas de*

*Cuba* (FEPEC), que Orrio creó y dirigía, organizó un Taller de Ética Periodística para los periodistas libres de Cuba. Se realizó el 14 de marzo de 2003 y el lugar elegido fue una evidente provocación: la residencia personal de James Cason, jefe de la diplomacia de Estados Unidos en la isla. Cuando el 17 de marzo, tres días después de realizado el taller, comenzó el bombardeo por la televisión, el eje de la acusación contra la disidencia fue que James Cason era el jefe de la conspiración contra la revolución que incluía a toda la disidencia. Cason acababa de cumplir seis meses en la isla y, sin embargo, era presentado como un organizador de personas que llevaban incluso décadas luchando contra la dictadura.

El Día del Periodista en Cuba, el 14 de marzo, se iba a producir un salto cualitativo en la primavera que estaba viviendo el periodismo libre cubano. Orrio reveló el lugar donde pensaba realizar el taller recién en las últimas horas. Podía ser visto como una provocación contra la dictadura, pues se quería avanzar en un acto académico, pero colectivo, algo que el régimen siempre repudiaba. El régimen podía tolerar las bravuconadas individuales, los artículos altisonantes, pero reprimía las reuniones grupales en la medida que querían ser masivas. Sin embargo, la disidencia tenía que ir avanzando en el uso de sus libertades pues en eso consiste un proceso de liberalización y de repliegue de las fuerzas totalitarias, y es claro que en esa lucha el régimen percibirá todo avance como una provocación. Cuando anunció la realización del taller, Orrio dijo que se haría "en algún lugar de La Habana". Una semana antes dio a conocer el lugar y generó una conmoción. ¿Usar esa sede no sería una "prueba" perfecta para el régimen de su acusación predilecta, de que toda la oposición está manejada por el gobierno de los Estados Unidos?

Siempre bajo las dictaduras los Estados extranjeros son importantes aliados de los disidentes. Fueron países como México, Francia y los Estados Unidos –este último desde 1977– los más cooperativos con muchos de los que sufrían la dictadura argentina. Es probable que la presión del gobierno de los Estados Unidos haya sido decisiva para que la dictadura argentina aceptara el ingreso al país de los enviados de la Organización de los Estados Americanos (OEA) hacia fines de 1979, que prepararon el primer informe sobre la masiva violación a los derechos humanos. Cuando el presidente chileno, Salvador Allende, fue derrocado en septiembre de 1973, los funcionarios de su gobierno buscaban la protección de los Estados extranjeros para poder escapar del país, como ocurrió con el dirigente posiblemente más buscado del momento, Carlos Altamirano Orrego, que salió de Chile en el baúl del auto de un diplomático de Alemania Oriental. En los países del Este, el apoyo dado por los dólares del presupuesto público de los Estados Unidos sirvió para financiar publicaciones de la oposición democrática polaca o de la checa. Las únicas bases de sustentación que puede tener la disidencia en un país dictatorial son las oficinas de los Estados extranjeros y, en algunos países, las instituciones que tienen suficiente fortaleza y voluntad frente al Estado, como pudo ser la Iglesia Católica en países como Chile, Brasil o Polonia. En general, además, todos los disidentes del mundo sólo disponen de la información que brindan las emisoras públicas internacionales como única fuente de información alternativa sobre lo que ocurre en su propio país, y eso es algo invalorable. *Radio Europa Libre, La Voz de las Américas*, la *BBC*, *Radio Exterior de España, Radio Francia Internacional, Radio Netherland* y la misma *Radio Martí*, son las únicas voces alternativas disponibles en el interior de un Estado autoritario.

 Pero las políticas exteriores de los grandes Estados, generalmente, no son confiables para los disidentes. Es posible que aquéllas varíen siguiendo intereses opuestos a las necesidades de los disidentes, pero cuando los intereses de ambos convergen la cooperación puede ser amplia. Desde que Cason llegó a La Habana, su actividad fue política más que diplomática.

Recorría la isla visitando disidentes y regalando libros y radios de onda corta que permitían a más cubanos residentes en la isla tener información alternativa. Muchos disidentes podían tener acceso a Internet y un e-mail a través de la delegación diplomática de los Estados Unidos. Participaba de encuentros con varios de sus líderes y daba su casa para reuniones de periodistas. Era casi un disidente más, y no lo ocultaba. Varios países tenían diplomáticos volcados a trabajar con los disidentes, incluso funcionarios cuyo rol era solamente ése, pero mantenían todavía algunas formas.

La iniciativa de Orrio, el agente Miguel, era polémica, pero nadie parecía saber realmente cuál era el camino seguro hacia la transición, por lo que no podía haber opinión definitiva sobre nada. Tras recibir un e-mail de Orrio informando que el taller se realizaría en la residencia del diplomático estadounidense, le sugerí que gastara mucho tiempo en explicar esa decisión pues en el exterior iba a ser difícil de entender. Temía que todos los contactos que se pudieran hacer entre periodistas fuera de Cuba para que se interesaran por el taller se perderían por realizarlos en la sede de un país bastante desprestigiado en esas semanas en todo el mundo, pues se estaba abalanzando sobre Irak. Él me contestó con cierta molestia:

> "Yo –personalmente yo– he sido mencionado en los peores términos por Castro en cuatro ocasiones. Sin el menor derecho de replica en los medios que difunden esas imágenes o publican en los periódicos. Cuando tu tienes un hijo de 10 años y el jefe de Estado te trata en la TV como traidor a la patria, eso impacta en tu chiquillo como no puedes imaginar."

Y agregó Orrio:

> "Magnífico que se preocupen por el escándalo de reunirse en la sede de la legación diplomática yanqui, si ello sirve para destacar

el escándalo que significa cómo la prensa oficial es cómplice sin ética de la represión a la libertad de prensa en Cuba. ¡Viva el conflicto! Un abrazo, Manuel David."

Cuatro días después, el agente Miguel me envió un artículo que escribió para *www.cubanet.org* específicamente sobre este tema, titulado "¿Una sede con conflicto de interés?". Allí afirmó que "los anfitriones de la Oficina de Intereses de los Estados Unidos de América han dejado bien claro, y están cumpliendo su palabra, de que para nada intervendrán en la concepción y organización del taller", y concluyó diciendo: "Entonces, bienvenido el conflicto".

La asistencia al taller fue bastante menor a la inicialmente prevista pero igual fue considerable. Hubo casi sesenta anotados y concurrieron treinta y cuatro. Sobre el final de la jornada, como estaba previsto, llegaron varios corresponsales extranjeros, entre ellos la corresponsal de la *CNN*, Lucía Newman. Ni Rivero, ni González, ni Claudia Márquez fueron al taller. La inasistencia de Rivero dio motivo a Orrio para proseguir su campaña de difamación contra él en una carta dirigida al Comité de Protección de Periodistas (CPJ) en Nueva York, que me envió dos días después del taller:

"Ricardo González no asistió pero envió a un representante personal, el día antes él se había excusado conmigo porque ya tenía compromisos anteriores con una embajada, así que el gesto de enviar a un edecán lo considero muy delicado. Raúl Rivero no asistió ni se excusó, pese a que fue formalmente invitado por medio de una carta muy especial que le envíe con uno de mis periodistas de la CPI [Cooperativa de Periodistas Independientes], de quien todo el mundo sabe es además mi babalawo."

A los dos días de recibir esta carta comenzó la represión. El argumento de la dictadura fue que los disidentes eran mercenarios con fines de lucro al servicio del gobierno de los Estados Unidos. Lo curioso es que el taller se hizo en la sede diplomática de los Estados Unidos con mucha resistencia por parte de la disidencia, y quien más presionó fue el agente Miguel. Además, una de las conclusiones sobre la que hubo un acuerdo unánime el viernes de la reunión fue "la gran carencia de recursos con que el periodismo independiente cubano trabaja", según el texto que me mandó el mismo agente Miguel.

En realidad, el agente Miguel llevaba años peleando en el interior del movimiento del periodismo independiente para terminar con la resistencia a recibir dólares del presupuesto del pueblo de los Estados Unidos. Había varios periodistas libres que se negaban, pues eso los hacía vulnerables al régimen. La *Sociedad Profesional Márquez Sterling* se autolimitaba a no recibir dinero de gobiernos extranjeros. El agente Miguel, bajo su disfraz de periodista Orrio, escribió en junio de 2001:

> "El periodismo independiente cubano es alternativo, ante todo, porque se opone a un modelo censor que le sustrae de su mercado natural, no otro que el público isleño. La vida, con carácter creciente, demuestra que esa particularidad predetermina un modo de ser cuya esencia es no comercial, por la sencilla razón de que las noticias de una islita caribeña no interesan a muchos, al menos como flujo informativo regular. Por lo tanto, es un periodismo que, de algún modo, ha de ser subsidiado, como lo son muchos modelos alternativos de la realidad globalizada de hoy. Paradojas, paradojas: el periodismo de la *Márquez Sterling* se pronuncia contra recibir dineros públicos, mientras un izquierdista consagrado como Noam Chomsky defiende a esos mismos dineros como la alternativa contra la censura exquisita de las grandes cadenas privadas de prensa."[2]

---

2. Orrio, Manuel David, "Dineros públicos, dineros privados", *cubanet.org*, 14 de junio de 2001.

El agente periodista Miguel tuvo que arrastrar a varios a la sede del embajador estadounidense y, finalmente, fueron pocos. Tuvo que convencer a otros de que reciban fondos públicos estadounidenses y no produjo muchos cambios; sin embargo, las condenas a decenas de años fueron justificadas por la existencia de "una conspiración financiada por el gobierno de Estados Unidos". El régimen, en una acto doblemente vicioso, intentó corromper a los disidentes y no lo logró, y luego los condenó como si lo hubiera logrado.

El mismo día que comenzaron los arrestos empezaba también la guerra contra Irak y, a medida que se recibían las peores noticias sobre Cuba, los oídos de los periodistas del mundo parecían cada vez más cerrados con respecto a lo que ocurría en esta pequeña isla americana. Los ojos del mundo estaban en la guerra de Bush. Pero el agente Miguel insistía con su doble papel: tenía su computadora y tenía acceso a Internet como ningún otro periodista libre cubano, y desde allí mandaba los mensajes a los amigos externos de la disidencia:

"Estoy tratando de salvar los equipos, aunque por ahora toda mi gente está ok. Hemos organizado una red interna para apoyarnos y tomó la decisión de que yo esté en segundo plano. Después de lo del taller de ética y la detención de Rivero, creo que voy a tener responsabilidades, por lo menos mientras dure. Aquí estamos. Mucho ruido y ya veremos."

El último contacto que yo tuve con él fue el 27 de marzo, cuando me agradeció por la gestión que realicé para que el diario *La Nación*, de Buenos Aires, publicara un artículo suyo que se difundió por el mundo, titulado "Aunque el miedo devore el alma". En ese texto, que era preciso y precioso, el agente Miguel escribió:

"El miedo devora el alma. Pero el alma siempre termina por vencer al miedo. Muchos se preguntan cómo fue posible que tantos se dejaran atrapar como moscas en sus viviendas. Muy sencillo: si se mira a la lista de los arrestados, muchos poseen teléfono en sus casas. Se quedaron allí para ser útiles en algo, para estar en la red de monitoreo, que de forma absolutamente espontánea comprometió a todos."

De los asistentes al taller –que tenía como misión comenzar a redactar un código de ética para la nueva prensa cubana–, el mismo Orrio dijo que hubo seis detenidos. Entre ellos, fue detenida la coorganizadora del taller junto a Orrio, Martha Beatriz Roque Cabello, presidenta de la Asamblea para Promover la Sociedad Civil en Cuba, que fue condenada a veinte años de cárcel. También la principal asistente de Martha resultó ser agente secreta. El reportero gráfico Omar Rodríguez Saludes fue víctima directa de otro topo, que contribuyó a que tuviera el castigo más duro hasta ahora en el periodismo independiente, veintisiete años. La mujer que le prestaba a Omar el teléfono para enviar sus notas al exterior, Odilia Collazo, presidenta del Partido Pro Derechos Humanos, resultó ser la agente Tania. Cuando el *National Geographic* publicó su informe sobre Cuba en junio de 1999, fue la señora Collazo la fuente *on the record* elegida por la revista para dar la voz disidente. Se trató de un fraude, pero el discurso disidente emitido por Tania en esa prestigiosa revista internacional fue impecable.

"Omar no es un criminal", gritó en el juicio Ileana, la mujer del fotógrafo y periodista, con los nervios destrozados. La agencia Cooperativa de Periodistas Independientes (CPI) que presidía Orrio estaba formada por Lucas Garve, como vicepresidente, Ariel Delgado Covarrubias, como director de TV, Juan González Febles y, del interior del país, Ernesto Roque y Lázaro Raúl González. Ninguno de ellos fue detenido. De los fundadores de la *Federación de Periodistas de Cuba* (FEPEC), que organizó y presidió Orrio, hubo dos periodistas condenados: Julio César Gálvez a quince años y

Héctor Maseda –quien también es vicepresidente del Partido Liberal de Cuba– a veinte años.

Orrio no quería destaparse, como explicó al diario *Granma*:

> "Cuando se me informó de la necesidad de revelar mi verdadera identidad no estuve de acuerdo. No por cobardía, sino porque cada uno de nosotros estaba en la cumbre de la misión, bien posicionados, con la mayor confianza del jefe de la SINA [delegación diplomática de los Estados Unidos]. Pensábamos que nos quedaba mucho por hacer, pero también aprendimos a ser disciplinados y comprendimos la importancia política de desenmascarar a los traidores de la Patria y a quienes los compran."

Es extraño que se considere valiente por infiltrarse en una organización pacífica que se quiere meter en la boca del dragón para quien él trabaja. Pero en un régimen totalitario –que es el reino de la simulación– la certeza sobre muchas cosas se nos escapa. El periodista independiente Ernesto Roque, que formaba parte de la Cooperativa de Periodistas Independientes creada por Orrio, escribió que "algunos argumentan que (Orrio) pudo haber sido víctima de un chantaje". Y dos periodistas de la agencia *Cuba Verdad* también sugirieron en un artículo que eso –y todo– era posible en un régimen estalinista.

El otro gran destape dentro del periodismo independiente fue el del agente Octavio, quien era nada menos que "el decano del periodismo independiente cubano". Varios entrevistados durante febrero me habían hablado con cierta admiración sobre Néstor Baguer, de 81 años. Incluso era miembro de la *Sociedad Profesional Márquez Sterling*, usaba un bastón de tres patas que le había comprado Ricardo González y le habían pedido artículos para la revista *De Cuba*. Baguer era considerado uno de los padres fundadores de la nueva prensa cubana, y su *Agencia de Prensa Independiente de Cuba* (APIC) había sido la cuna de las demás. Pero resultó ser un padre filicida. Luis Cino, periodista independiente, miembro de la *Márquez Sterling* que también estuvo preso durante algunas horas, expresó sobre Baguer:

> "Casi al término de su larga vida, tras sembrar la desconfianza y la paranoia en la prensa independiente, cumplida su misión, Néstor Baguer regresa, entre homenajes oficiales, a la Unión de Periodistas de Cuba (UPEC). Pienso que un final más feliz hubiera sido que todos los que realizamos el oficio del periodismo en la Isla, incluyendo los encarcelados y sus detractores del oficialismo, pudiéramos integrarnos a una sola organización con pluralismo y respeto para todos. Pero los finales felices, sólo existen en algunas películas."

En la supuesta agencia de periodismo independiente de Baguer fue donde Orrio comenzó a ser, a la vez, periodista y agente infiltrado. Sobre él, ni Rivero ni nadie levantó frente a mí alguna sospecha, más allá de sugerir que ya estaba gagueando por su edad. Después algunos periodistas me comentaron que se decía que Baguer era un coronel. La entrevista que tuve con él me resultó extraña. Alababa los logros de la dictadura y criticaba a fondo al periodismo independiente. Criticó incluso al agente Miguel:

> "Yo conozco a Manuel David Orrio, yo lo inicié, yo fui quien lo inició en el periodismo, trabajó conmigo como seis o siete años. Después se quiso independizar. Ayer yo estuve hablando con él, anoche mismo porque ahora quiere que yo me haga cargo porque va a sacar una revista y que yo me haga cargo de una página de la revista precisamente para revisar sus errores y ponérselos. El problema de Orrio es que ni Orrio es periodista profesional ni ninguno de los que trabaja con él es periodista profesional."

Me dio la impresión que la salud de Baguer era débil y que era un hombre en camino rápido hacia la muerte. Antes de que se destapara como agente, no sabía si insertar en este libro la historia que él me contó sobre su vida pues su visión de la dictadura era muy benévola y contradictoria con la del resto de los periodistas libres de Cuba, y por eso podía confundir a los lectores. Pero pensé que la libertad es siempre imprevisible, y esta gente había optado por opinar libremente aunque eso pudiera atentar a veces contra su mínima coherencia. Baguer refutó en nuestra entrevista las acusaciones por las que luego testificó, como agente Octavio, contra Rivero:

> "Ya por supuesto dicen en la prensa oficial que a mí me paga la CIA o la embajada de Estados Unidos y yo sé por dónde me entra a mí mi dinero, porque viene oficialmente a mi cuenta bancaria donde aparece la persona o el periódico que lo manda. Yo no recibo un centavo del dinero del gobierno de Estados Unidos, recibo de agencias de prensa de Francia, de España, de Inglaterra y de Estados Unidos, así que todas mis operaciones bancarias están bien claras donde el gobierno puede ver y sabe cuándo me llega el dinero, cómo me llega el dinero y de dónde me llega el dinero."

Rivero se mostraba sinceramente preocupado por la salud de Baguer y me informó que horas después de haber estado yo con él, lo habían hospitalizado. Durante el juicio, Rivero tuvo que ver y escuchar cómo Baguer, en un video, lo acusaba a él de alcohólico. Ahora se puso a escribir sus memorias de previsible título, *Octavio*. El gran burgués Baguer, que estudió administración de empresas en los Estados Unidos, preparado para ser el heredero de la fortuna de su familia, elige terminar sus días como espía de una dictadura socialista. Además, en medio de esta trayectoria, se convirtió en miembro de la Real Academia Española. Todo eso lo hizo desde un desvencijado departamento, en el que alquila una habitación, rodeado de casi veinte gatos que inundan el ambiente de un olor nauseabundo. Baguer es todo un símbolo del estado actual de la dictadura: una enorme dosis de mentira y de abandono. Mientras que Rivero, González Alfonso, Claudia Márquez, Víctor Arroyo u Omar Rodríguez Saludes son el símbolo de la democracia cubana del futuro: una enorme dosis de fuerza y esperanza en el mañana, a pesar de sufrir hoy lo indecible.

## 22. Palabra final

En América Latina, las dictaduras fueron repudiadas como forma de gobierno, y las actuales democracias, a pesar de sus plagas y a pesar de sus llagas, todavía reciben el consenso de los ciudadanos.

En estos momentos, en Cuba, se están construyendo los cimientos de la democracia bajo el techo de la dictadura. Algún día no muy lejano, hasta los más escépticos verán la nueva sociedad que está acosando al Estado policial.

Cada vez que, dentro de una profesión, una determinada cantidad de gente da un paso al costado y se planta frente al régimen hay una nueva grieta en la pared. El muro totalitario es muro no sólo porque no deja salir sino también porque no deja ver. Y cuando estas personas viven la libertad en la propia isla es mucho más difícil que no las vean los demás cubanos, y entonces el muro que no deja ver pierde sentido, porque ya la revolución se está dando intramuros. Y entonces el muro también puede comenzar a caer por falta de sentido.

En esta destrucción constructiva, una de las principales columnas en crecimiento que contribuirá a que la dictadura desaparezca es la profesión periodística, una de las fuerzas más democratizantes dentro de las sociedades modernas. En la medida en que siga profesionalizando su desempeño, este periodismo independiente irá creándose como una nueva institución social necesariamente antitotalitaria.

La represión masiva iniciada en marzo de 2003 no parece ser el fin de la oposición. Como ocurre con las grietas de un dique cuando se dejan crecer, cada vez se necesita más fuerza para soldarlas, y cada vez los resultados son más precarios. Por eso es el régimen el que sigue retrocediendo, y cada nueva resistencia le provoca un costo político mayor. Luego de una oleada represiva es probable que la sociedad civil se reconstruya con mayor rapidez.

Los ideólogos de la prensa oficial posiblemente estén convencidos de la efectividad de las representaciones sociales que ellos crean en los medios, y por eso consideran importante que desde la prensa, la televisión o la radio, se proyecte la realidad ideal, así se podrá modelar y disciplinar a la sociedad. Se trata de construir "modelos de mármol" que luego la sociedad deberá emular. Los periodistas más serios de la disidencia, en cambio, tienen como su principal criterio de noticiabilidad el de "desmarmolizar la realidad"[1]. El paso del totalitarismo hacia la democracia es, en el campo del periodismo, el paso de los blancos y los negros hacia los matices.

El proceso político que se inició en 1959 comenzó con una revolución, adoptó el socialismo científico como forma de organización de la sociedad y construyó para eso, y para conservarse en el poder, una dictadura. El estado de situación actual parece el siguiente:

- Detuvieron por completo la expectativa de democratización del poder que marcó el hecho revolucionario.
- Están abandonando aceleradamente las lealtades ideológicas marxistas (hace años que no se enseña más en los colegios) y sus principios de organización económica.
- Están aferrados a la dominación totalitaria.

Hoy, a casi medio siglo de aquella lejana hora cero, esta experiencia histórica ha quedado en el museo. Y no por su origen revolucionario, ni tampoco necesariamente por su color socialista, sino por dictadura.

---

1. La metáfora del mármol está tomada de la película *El hombre de mármol*, de Andre Wajda. Se narra la construcción propagandista de un albañil polaco, en la década del cincuenta, como modelo a seguir por el resto de los trabajadores para poder cumplir con los objetivos de un plan quinquenal. El albañil cae en desgracia por defender a un amigo, y su estatua en vida y sus carteles en las calles son silenciosamente retirados.

# ANEXO I
Lista de periodistas encarcelados y condenados al 30 de junio de 2003

1. Víctor Rolando Arroyo, UPECI: encarcelado en marzo del 2003 y condenado a 26 años.
2. Pedro Argüelles Morán, director de la CAPI: encarcelado en marzo del 2003 y condenado a 20 años.
3. Majail Bárzaga Lugo, periodista independiente: encarcelado en marzo del 2003 y condenado a 15 años.
4. Carmelo Díaz Fernández, APSIC: encarcelado en marzo del 2003 y condenado a 15 años.
5. Oscar Espinosa Chepe, periodista independiente, CubaNet: encarcelado en marzo del 2003 y condenado a 20 años.
6. Adolfo Fernández Saínz, Agencia Patria: encarcelado en marzo del 2003 y condenado a 15 años.
7. Miguel Galván Gutiérrez, Habana Press: encarcelado en marzo del 2003 y condenado a 26 años.
8. Julio César Gálvez, periodista independiente: encarcelado en marzo del 2003 y condenado a 15 años.
9. Edel José García, periodista independiente: encarcelado en marzo del 2003 y condenado a 15 años.
10. Roberto García Cabrejas, ICD Press: con prisión domiciliaria desde marzo del 2003.
11. Jorge Luis García Paneque, agencia Libertad: encarcelado en marzo del 2003 y condenado a 24 años.
12. Ricardo González Alfonso, presidente de la Sociedad de Periodistas Manuel Márquez Sterling y director de la revista De Cuba en La Habana: encarcelado en marzo del 2003 y condenado a 20 años.
13. Luis González Pentón: encarcelado en marzo del 2003 y condenado a 20 años.

14. Alejandro González Raga, periodista independiente: encarcelado en marzo del 2003 y condenado a 14 años.
15. Normando Hernández, director de la CPIC: encarcelado en marzo del 2003 y condenado a 25 años.
16. Juan Carlos Herrera Acosta, periodista independiente: encarcelado en marzo del 2003 y condenado a 20 años.
17. José Ubaldo Izquierdo, Grupo de Trabajo Decoro: encarcelado en marzo del 2003 y condenado a 16 años.
18. Héctor Maseda, Grupo de Trabajo Decoro: encarcelado en marzo del 2003 y condenado a 20 años.
19. Mario Enrique Mayo: encarcelado en marzo del 2003 y condenado a 20 años.
20. Jorge Olivera, director de Habana Press: encarcelado en marzo del 2003 y condenado a 18 años.
21. Pablo Pacheco Ávila, Agencia Patria: encarcelado en marzo del 2003 y condenado a 20 años.
22. Fabio Prieto Llorente, periodista independiente: encarcelado en marzo del 2003 y condenado a 20 años.
23. José Gabriel Ramón Castillo, ICD Press: encarcelado en marzo del 2003 y condenado a 20 años.
24. Raúl Rivero Castañeda, director de Cuba Press y vicepresidente regional de la Comisión de Libertad de Prensa e Información de la Sociedad Interamericana de Prensa: encarcelado en marzo del 2003 y condenado a 20 años.
25. Omar Rodríguez Saludes, director de Nueva Prensa Cubana: encarcelado en marzo del 2003 y condenado a 27 años.
26. Omar Ruiz Hernández, Grupo de Trabajo Decoro: encarcelado en marzo del 2003 y condenado a 18 años.
27. Manuel Vázquez Portal, Grupo de Trabajo Decoro: encarcelado en marzo del 2003 y condenado a 18 años.
28. Carlos Alberto Domínguez (Cuba Verdad): encarcelado el 24 de febrero del 2002, pero aún no se le realizó juicio.
29. Lexter Téllez Castro, Director de la Agencia de Prensa Libre Avileña (APLA): encarcelado el 1 de marzo del 2002, pero aún no se le realizó juicio.

ANEXO I. Lista de periodistas encarcelados y condenados

30. Carlos Brizuela Yera, Colegio de Periodistas Independientes de Camagüey: encarcelado el 4 de marzo del 2002, pero aún no se le realizó juicio.
31. Bernardo Arévalo Padrón, director de Línea Sur Press: encarcelado en 1997 y condenado a 6 años de prisión.

Sociedad Interamericana de Prensa (www.sipiapa.org)
Reporteros sin Fronteras (www.rsf.org)
Comité para la Protección de Periodistas (www.cpj.org)

Otra grieta en la pared

**Comunicado publicado en la revista *De Cuba*.
Revista de la Sociedad de Periodistas Manuel Márquez
Sterling. N° 2, febrero de 2003, La Habana, p. 60.**

La Sociedad de Periodistas Manuel Márquez Sterling condena con energía el arresto y expulsión de Cuba del periodista argentino Fernando Ruiz Parra, quién realizaba un trabajo de investigación sobre la prensa en nuestro país.

Ruiz Parra es Profesor de Historia de la Comunicación y de Innovación Periodística en la Facultad de Ciencias de la Información de la Universidad Austral, en Buenos Aires.

Las autoridades cubanas lo detuvieron el martes 11 y lo deportaron el jueves 13. Durante casi 48 horas no pudo tener contacto con la Embajada de la República Argentina en La Habana.

Los miembros de la Márquez Sterling que conocimos a Fernando Ruiz en su visita a Cuba, quedamos impresionados por su profesionalidad y ética.

La repatriación de Ruiz Parra truncó su objetivo de entrevistar a periodistas gubernamentales, quienes perdieron la oportunidad de un fructífero intercambio de experiencias con este colega argentino, el que ha recorrido casi todos los países de la América Latina para investigar la relación que existe entre el ejercicio del periodismo y la calidad de la democracia.

El gobierno cubano, con su acción intolerante, ofreció el ejemplo mejor de la falta de libertad de expresión que padecemos en nuestra patria.

La Sociedad de Periodistas Manuel Márquez Sterling exhorta a las organizaciones defensoras de la libertad de ex presión a condenar esta flagrante violación del artículo 19 de la Declaración Universal de los Derechos Humanos.

Ciudad de La Habana, febrero de 2003.

Junta Directiva de la Sociedad de Periodistas Manuel Márquez Sterling.

# ANEXO II
## Imágenes de la nueva prensa cubana

Raúl Rivero Castañeda, el periodista más famoso de la isla.

Ricardo González Alfonso, presidente de la Sociedad Profesional Márquez Sterling.

El reportero gráfico Omar Rodríguez Saludes, la condena más larga: 27 años.

Omar Ruiz Hernández, activo periodista de Santa Clara.

El poeta y periodista Manuel Vázquez Portal, de La Habana.

Carmelo Díaz Fernández, periodista de temas gremiales.

Ariel Delgado Covarrubias da un curso de video en la casa de Manuel Orrio, en La Habana.

Imágenes de la nueva prensa cubana | 249

Adelante, Lucas Garve, y atrás, de derecha a izquierda, Juan González Febles, Ariel Delgado, Manuel Orrio y el autor, en la casa de Orrio.

Mario Mayo, de la ciudad de Camagüey.

Pablo Pacheco Ávila, de Ciego de Ávila.

## Otra grieta en la pared

Víctor Arroyo, de Pinar del Río, periodista especializado en economía, segunda máxima pena: 26 años.

Pedro Argüelles Morán, de Ciego de Ávila, lugar especialmente represivo.

El taller de ética periodística en la residencia de James Cason. El de la boina es Néstor Baguer.

Imágenes de la nueva prensa cubana | 251

Discusión en el taller, también con Néstor Baguer.

Manuel Orrio, el promotor del taller, habla con corresponsales extranjeros.

# Índice de nombres de periodistas y de sus familiares

Alfonso, Graciela, 220
Alfonso, Osvaldo, 107, 111, 218
Alpízar, María Elena, 30, 42, 91, 93, 94, 98, 106, 109, 133, 138, 175, 176, 177
Álvarez Castillo, Jesús, 28, 115, 185, 187
Arévalo Padrón, Bernardo, 87, 92, 204
Argüelles Morán, Pedro, 191, 192, 193
Armas Guerrero, Ramón, 33, 34, 36, 166
Armas Guerrero, Lázara, 166
Armenteros, Fara, 113, 114, 115, 133, 179, 221
Arroyo, Víctor, 30, 31, 67, 82, 85, 86, 154, 172, 178, 223, 240
Baguer, Néstor, 79, 90, 138, 203, 206, 209, 212, 213, 237, 238, 239, 240
Beatón, Milagros, 32
Brito López, Manuel Antonio, 105
Brizuela Yera, Carlos, 135, 136, 188
Caraballo Bravo, José Manuel, 185

Carmona, Martha, 86
Casín, Roberto, 64, 65
Castro Campos, Hildelisa, 136
Céspedes, Dorka, 46
Cino, Luis, 238
Delgado Bombino, Mirley, 133, 134, 164, 185, 186, 187
Delgado Covarrubias, Ariel, 236
Díaz, Ana Leonor, 36, 44
Díaz Fernández, Carmelo, 39,
Díaz Fernández, Jesús Joel, 192
Domínguez, Víctor, 45
Escobal, Vicente, 146
Escobar Ramírez, Abel, 193
Galván Gutiérrez, Miguel, 45
Gálvez, Julio César, 236,
García, Estrella, 193
García Quintero, Iván, 57, 58
Garve, Lucas, 236
González, Lázaro Raúl, 236
González, Oscar Mario, 228
González Alfonso, Ricardo, 35, 36, 47, 91, 138, 142, 146, 155, 166, 172, 205, 206, 207, 212, 214, 219, 223, 225, 226, 227, 233, 237, 240

González Febles, Juan, 236
Guerra, Maidelin, 32, 107
Hernández, Normando, 33, 34, 185, 186, 189
Hernández Monzón, Marvin, 42, 98
Huergo Cedeño, Yolanda, 180
Izquierdo, José Ubaldo, 44, 45, 228
Martínez García, Julio San Francisco, 161
Márquez, Claudia, 41, 107, 110, 133, 218, 229, 233, 240
Márquez, Orlando, 164
Márquez Rabelo, Bernardo, 77
Maseda, Héctor, 237
Mayo, Mario Enrique, 32, 33, 34, 107
Orrio, Manuel David, 35, 36, 37, 89, 141, 165, 167, 171, 183, 201, 206, 228, 229, 230, 232 234, 236, 237, 238
Pacheco Ávila, Pablo, 71, 185, 191, 192, 193
Padrón, Elsa González, 86
Pérez, Daimarelis, 44, 185
Pérez Crespo, Nancy, 125
Quintero, Tania, 47, 93, 108, 133, 155

Rey Rodríguez, Isabel, 40, 41, 43, 62, 66, 71, 73, 91, 92, 97, 98, 133, 144
Reyes, Blanca, 205, 206, 207, 220
Rivero, Raúl, 36, 40, 42, 47, 54, 65, 66, 70, 74, 86, 89, 93, 96, 137, 143, 156, 157, 162, 185, 195, 196, 199, 205, 206, 207, 211, 212, 214, 220, 224, 225, 226, 227, 228, 229, 233, 238, 239, 240
Rivero García, José, 77
Rodríguez Saludes, Omar, 121, 132, 224, 236, 240
Roque, Ernesto, 236, 237
Ruiz Hernández, Omar, 42, 62, 107, 138
Serpa Maceira, Carlos, 146
Solano, Rafael Esteban, 161
Téllez Castro, Lexter, 44, 92, 135, 136, 185, 186, 187, 188, 189
Valdez, Dagoberto, 164
Vázquez Portal, Manuel, 179, 180, 228
Velásquez Medina, Fernando, 77
Viso Bello, Alida, 147

Esta edición
de 2500 ejemplares
se terminó de imprimir en
A.B.R.N. Producciones Gráficas S.R.L.,
Wenceslao Villafañe 468,
Buenos Aires, Argentina,
en julio de 2003.